CONFLUENCES
sous la direction de Pierre Glaudes
2

Donner sa langue aux bêtes

Ouvrage publié avec le soutien de Middlebury College

Julien Weber

Donner sa langue aux bêtes

Poétique et animalité de Baudelaire à Valéry

PARIS
CLASSIQUES GARNIER
2018

Julien Weber est professeur de littérature française à Middlebury College. Ses travaux de recherche portent essentiellement sur les rapports entre poétique et politique ainsi que sur la représentation des animaux dans la poésie française du XIXe et du XXe siècle.

ISBN 978-2-406-07416-8 (livre broché)
ISBN 978-2-406-07417-5 (livre relié)
ISSN 2610-4326

À Eva.

INTRODUCTION

Une expression de la langue française se transforme vers la moitié du XIXe siècle. « Jeter sa langue aux chiens » devient « donner sa langue au chat[1] ». Même si le sens des deux expressions demeure identique – renoncer à répondre à une question – la fonction de l'animal varie considérablement de l'une à l'autre. Dans le cas le plus récent, l'animal intervient comme moyen de combler nos lacunes. Issue d'une croyance populaire répandue au XIXe siècle selon laquelle le chat est gardien des secrets, l'expression suggère que lui donner la parole nous permettrait d'acquérir le savoir qui nous manque. On échange avec ce témoin muet un moyen d'expression contre le dénouement d'une énigme. Mais dans le cas de l'expression la plus ancienne, « jeter sa langue aux chiens », le même échange ne va pas de soi. Selon le sens figuré de cette locution, les chiens ne sont pas investis d'un rôle de savants. Plutôt que de répondre à notre place, ils se contentent de manger la langue inutile qu'on leur a donnée comme un reste. Cette renonciation à répondre ne comble plus l'abîme d'incompréhension d'où hommes et animaux s'observent depuis la nuit des temps. Le transfert métaphorique se trouve ici en quelque sorte interrompu.

En dehors du contexte de la devinette que ces deux expressions convoquent, que se passe-t-il quand on dit d'un poète qu'il donne sa langue à un animal ? De toute évidence, l'expression figurée se littéralise. Un poète donne littéralement sa langue à des animaux lorsqu'il les fait parler dans ses poèmes, ou lorsqu'il traduit leurs expressions muettes en langage articulé. C'est le cas bien connu des *Fables* de La Fontaine, notamment, où l'animal humanisé est abordé comme métaphore des comportements humains. Dans une veine plus lyrique, au cours du XIXe siècle, certains poètes romantiques tels que Hugo ou Vigny font

1 Alain Rey et Sophie Chantreau, *Dictionnaire des expressions et locutions*, Paris, Le Robert, 2e édition, 2006, p. 685.

aussi fréquemment parler des animaux. Présentés comme victimes de la cruauté humaine, ou comme des créatures étrangères aux règles de la civilisation, les animaux adressent aux hommes des leçons de morale dans « Baraques de la foire » de Hugo ou dans « La Mort du Loup » de Vigny. Le poète se fait alors l'interprète du regard que l'animal pose sur nous. Ainsi, le dernier regard d'un loup traqué par des chasseurs se traduit en une leçon de stoïcisme dans le célèbre poème de Vigny :

> – Ah ! Je t'ai bien compris, sauvage voyageur,
> Et ton dernier regard m'est allé jusqu'au cœur !
> Il disait : « Si tu peux, fais que ton âme arrive,
> À force de rester studieuse et pensive,
> Jusqu'à ce haut degré de stoïque fierté
> Où, naissant dans les bois, j'ai tout d'abord monté[2].

Fréquemment souligné par la critique, le paradoxe qui informe cette prise de parole du loup est devenu sans doute aussi connu que le poème lui-même. Alors que Vigny prétend célébrer l'altérité inassimilable de l'animal sauvage, il procède pourtant à un anthropomorphisme évident au moment d'évoquer son regard. Celui-ci se traduit fort aisément en langage articulé, et surtout, plutôt que d'exprimer un quelconque sentiment de révolte contre la cruauté humaine, il véhicule des valeurs morales qui coïncident avec la vision du monde de Vigny. Si le poète donne sa langue au loup, en d'autres termes, c'est bien pour présenter comme venues d'ailleurs ses propres réponses à des questions d'ordre moral. À cet égard, la poésie de Vigny n'accorde pas aux animaux une place radicalement différente de celle que la peinture romantique de son siècle leur réservait, elle qui, selon l'essayiste John Berger, « signalait déjà leur disparition imminente[3] ».

Or, donner sa langue aux bêtes, cela revient-il nécessairement soit à utiliser l'animal comme porte-parole, soit à le faire disparaître ? À considérer en surface les poèmes animaliers et les contes d'auteurs qui nous intéresseront dans ce livre – Baudelaire, Mallarmé, Flaubert, Valéry – la démarche qui consiste à faire parler ou à faire signifier l'animal ne

2 Alfred de Vigny, « La Mort du Loup », *Les Destinées*, Paris, Mignard, 1961, p. 130, v. 79-84.

3 John Berger, *Pourquoi regarder les animaux ?*, trad. Katia Berger-Andreadakis, Anne et Michel Fuchs, Michelle Gouaux et Martin Richet, Paris, Éditions Héros-Limite, 2009, p. 41.

semble pas changer radicalement. Valéry élabore notamment un poème lyrique à partir de la brève réplique du serpent de la Genèse. Flaubert, dans « La Légende de Saint Julien l'Hospitalier », donne la parole à un cerf, qui prophétise l'avenir du héros. Dans sa traduction de « The Raven », Mallarmé fait parler en français un corbeau qui s'exprimait déjà dans la langue de l'original, de façon certes succincte. Et même si les animaux de Baudelaire ne sont pas très bavards (en comparaison surtout de ceux de Hugo), le poète du *Spleen de Paris* attribue aux bons chiens, « philosophes à quatre pattes[4] », la capacité de s'adresser au pauvre et au saltimbanque « avec des yeux clignotants et spirituels[5] ». Lorsque des animaux interviennent dans ces œuvres poétiques, ils s'arrachent à leur mutisme pour faire signe et souvent même articuler une parole aux effets dramatiques. Cependant, leur discours n'est jamais transparent ou facilement déchiffrable, il expose les lacunes ou les malentendus à partir desquels nos certitudes sur l'animal et ce qui nous en différencie ont pu se constituer. « Un lion pourrait parler », nous dit Wittgenstein, « on ne pourrait le comprendre[6] ». Souvent comprise comme une dénégation de tout rapport de communauté possible entre hommes et animaux, cette phrase du philosophe souligne avant tout que la reconnaissance de mots communs dans le discours de l'autre ne garantit pas pour autant la compréhension du jeu de langage dans lequel ces caractères ou ces mots interviennent. Donner sa langue à un animal ne revient pas nécessairement à assimiler cet animal à un *alter ego*. Ainsi, les textes littéraires que nous voudrions étudier dans ce livre ont ceci de commun qu'ils sollicitent tous l'animal pour interroger ou remettre en cause la représentation qu'on s'en fait. Qu'il s'agisse des « Bons Chiens » de Baudelaire, d'« Un spectacle interrompu » de Mallarmé, de sa traduction du poème de Poe « Le Corbeau », du conte de Flaubert « La Légende de Saint Julien l'Hospitalier » ou du poème de Valéry « Ébauche d'un serpent », l'animal intervient toujours comme irreprésentable, ou tout au moins comme une altérité qui excède les limites de la représentation. Dans « Les Bons Chiens », c'est la représentation satirique et picturale des chiens des rues qui est remise en

4 Charles Baudelaire, « Les Bons Chiens », *Œuvres complètes*, éd. Claude Pichois, Paris, Gallimard, « Bibliothèque de la Pléiade », 1975, t. 1, p. 362.

5 *Ibid.*, p. 361.

6 Ludwig Wittgenstein, *Investigations philosophiques*, trad. Pierre Klossowsky, Paris, Gallimard, 1961, p. 351.

cause. Dans « Un spectacle interrompu », Mallarmé interroge la mise en scène d'un ours savant dans un spectacle populaire. La traduction de « The Raven » de Poe fournit au poète l'occasion de distinguer le rôle de l'animal de son interprétation romantique comme messager divin, alors que le conte de Flaubert ainsi que le poème de Valéry nous invitent à relire des figures d'animaux mythiques indépendamment de la fonction étroitement allégorique que les textes religieux leur attribuent, qu'il s'agisse de l'hagiographie dans « La Légende » ou du mythe de la Genèse dans « Ébauche d'un serpent ». À chaque fois, c'est donc par la médiation de plusieurs textes ou de plusieurs arts que l'animal est présent. Mais loin d'être simple figurant, il devient l'opérateur d'un changement profond que le langage établit entre les mots et les choses. Il touche à l'organisation de certaines catégories qui le définissent : il nous contraint à nous « décatégoriser ».

L'animal représenté demeure bien sûr une créature faite de mots – un « animot » selon le néologisme proposé par Derrida – et aucun des poèmes ou contes animaliers de Baudelaire, Mallarmé, Flaubert et Valéry ne prétend pouvoir restituer par la langue la présence immédiate de l'animal évoqué. Comme Akira Lippit le remarque d'ailleurs dans *Electric Animal*, l'animal, lorsqu'il est pris en charge par le langage, ne peut nous apparaître que « comme une expression autre, comme une métaphore qui tire son origine d'ailleurs, qui est transférée d'ailleurs[7] ». Cependant, que l'animal ne puisse se détacher d'un fond de métaphoricité irréductible n'implique pas pour autant qu'il se prête au mode de lecture le plus simpliste de la métaphore, celui qui fait correspondre l'image ou le véhicule à un sens fixe. Les animaux ne « disparaissent » pas derrière une valeur ou une conduite humaine. Les actes par lesquels ils se signalent ont précisément pour effet de désavouer les modes de représentation les plus caricaturaux (la satire sociale chez Baudelaire, le spectacle populaire chez Mallarmé) ou les discours religieux qui leur assignent une fonction conventionnelle (l'hagiographie et le mythe biblique chez Flaubert et Valéry). Plutôt que de se laisser penser comme un trope parmi d'autres, la figure de l'animal agit sur un mode singulier dans ces textes littéraires, et pose au langage et à la représentation des problèmes spécifiques.

7 Akira Lippit, *Electric Animal*, Minneapolis, University of Minnesota Press, 2000, p. 166. C'est moi qui traduis.

La manière dont Jacques Rancière a théorisé le changement de régime esthétique qui affecte les pratiques littéraires dès le XIXe siècle se révèle à cet égard, très utile pour étudier la place de l'animal dans les poétiques post-romantiques et modernistes de Baudelaire, Mallarmé, Flaubert et Valéry. Dans *La Parole muette*, *Le Partage du sensible* et *Politique de la littérature*, Rancière soutient en effet que les œuvres littéraires, dès cette époque, contribuent à reconfigurer ce qu'il nomme « le partage du sensible » hérité de l'âge classique. Le partage du sensible, chez Rancière, désigne un mode d'agencement des actes et des paroles qui détermine ce qui est visible, dicible et intelligible pour une communauté, « le système des formes *a priori* déterminant ce qui se donne à ressentir[8] ». Au XIXe siècle, les écrivains héritent d'un partage du sensible que Rancière nomme « l'ordre de la représentation », où le poème est encore conçu à partir de la poétique aristotélicienne, comme « une fable bien construite nous présentant des hommes en acte qui explicitaient leur conduite en de beaux discours, convenant en même temps à leur état, à la donnée de l'action et au plaisir des hommes de goût[9] ». Dans la mesure où cet ordre repose sur des principes d'adéquation conventionnels entre sujet et expression, la figure d'un animal ne peut s'y prêter qu'à un jeu de reconnaissance de types sociaux ou d'attitudes humaines sur le mode de la fable classique. Or, aux yeux de Rancière, les poétiques de Baudelaire, Mallarmé ou Flaubert se donnent les moyens de défaire cet ordre d'agencement entre paroles et actions. C'est désormais le langage qui prime aux dépens de la fable, tous les sujets se valent, le style se veut indifférent par rapport au sujet représenté, et l'œuvre ne s'adresse plus en propre à une élite dans une intention didactique, pour lui enseigner la parole en acte. En d'autres termes, les pratiques esthétiques du XIXe siècle délient les choses des chaînes causales qui rendent le monde intelligible dans le régime de la représentation. Au paradigme de la parole vivante, « déposée par le maître comme une semence destinée à croître dans l'âme du disciple[10] », se substitue celui de l'écriture définie par Rancière comme une parole « bavarde et muette », qui s'adresse indifféremment au premier venu :

---

8 Jacques Rancière, *Le Partage du sensible : esthétique et politique*, Paris, La Fabrique, 2000, p. 13.

9 J. Rancière, *La Parole muette*, Paris, Hachette, 1998, p. 27.

10 J. Rancière, *Politique de la littérature*, Paris, Galilée, 2007, p. 21.

> C'est en cela que consiste la démocratie de l'écriture : son mutisme bavard révoque la distinction entre les hommes de la parole en acte et les hommes de la voix souffrante et bruyante, entre ceux qui agissent et ceux qui ne font que vivre[11].

L'écriture est bavarde parce qu'elle se prête à des usages et des interprétations diverses, mais elle est aussi muette parce que dissociée de son origine, de la parole du maître. À l'image du célèbre corbeau du poème de Poe, dont la traduction par Mallarmé fera l'objet de notre troisième chapitre, elle ne peut que se répéter indéfiniment, « parole orpheline[12] », sans jamais ni approuver, ni révoquer les interprétations qu'on lui réserve.

Ainsi, dans ce nouveau partage du sensible, le corps de l'animal est amené à signifier sur un mode différent de celui de la fable, où il s'agissait avant tout de lui attribuer sa valeur conventionnelle et son type social adéquat. Ce n'est pas pour donner lieu à la reconnaissance d'un type social particulier que le corps de l'animal entre en scène, mais plutôt pour faire intervenir un excès, ou un « incompté », dans l'espace de représentation sur lequel s'appuie la répartition des rôles et des parts. L'écrivain s'attarde désormais sur les gestes, les actes ou les expressions de l'animal qui ne se laissent pas facilement interpréter. C'est d'ailleurs en vertu de la prise en compte de cet « incompté » que Rancière accorde à la littérature une portée politique :

> Je propose maintenant de réserver le nom de politique à une activité bien déterminée et antagonique à la première : celle qui rompt la configuration sensible où se définissent les parts ou leur absence par une présupposition qui n'y a par définition pas de place : celle d'une part des sans-part. [...] L'activité politique est celle qui déplace un corps du lieu qui lui était assigné ou change la destination d'un lieu ; elle fait voir ce qui n'avait pas lieu d'être vu, fait entendre un discours là où seul le bruit avait son lieu, fait entendre comme discours ce qui n'était entendu que comme bruit[13].

Faire de la politique par des moyens littéraires, c'est œuvrer au tissage d'un nouveau sensorium commun, d'une nouvelle texture du réel où la parole « proprement humaine » d'Aristote, celle qui nous permet de différencier le juste de l'injuste, ne se distingue plus aussi nettement de la parole servile ou animale, qui sert à exprimer la douleur et le plaisir.

---

11 *Ibid.*

12 J. Rancière, *La Parole muette*, *op. cit.*, p. 81.

13 J. Rancière, *La Mésentente : politique et philosophie*, Paris, Galilée, 1995, p. 52-53.

Comme nous le démontrons dans les deux premiers chapitres de ce livre, la pensée de Rancière se révèle particulièrement fructueuse lorsqu'il s'agit d'analyser le rôle des animaux de rues et des bêtes de foire dans les poèmes en prose de Baudelaire et de Mallarmé. Dans *Le Spleen de Paris*, ce sont, en effet, des animaux de rues qui suscitent l'intérêt du poète urbain. Soigneusement écartés « comme pestiférés et pouilleux[14] » par les citadins, les chiens errants en particulier ne reçoivent pas, pour Baudelaire, l'attention qu'ils méritent. Une grande partie de son poème consiste ainsi à rendre justice à cet autre muet, refoulé en dehors de l'espace de représentation, et à exposer au lecteur le vide laissé béant dans sa mémoire quant à leur travail quotidien aux côtés des pauvres et des saltimbanques. Mais il ne s'agit pas pour Baudelaire de simplement plaider pour l'inclusion du chien errant parmi les types sociaux qu'une certaine littérature panoramique – les physiologies du Second Empire – recense à longueur de volumes. Précisément, ce sont les conventions de ce mode de représentation – son comique significatif – que le chien des rues contraint Baudelaire à subvertir. « Les Bons Chiens » élabore à la place un mode d'ironie plus vertigineux, le comique absolu, qui déstabilise la distinction rassurante entre le sujet humain qui observe et l'animal objectivé. Ainsi, en établissant une analogie entre les activités quotidiennes des chiens errants et sa propre pratique poétique – une pratique qui consiste à recycler les rebuts de la cité industrielle – Baudelaire interroge la manière dont les parts et les rôles sont répartis dans la cité.

Chez Mallarmé également, dans « Un spectacle interrompu », l'interruption du spectacle animalier par la griffe de son acteur principal – l'ours savant – contribue à redéfinir l'espace commun. En effet, le spectacle que Mallarmé commente repose sur une séparation rassurante entre les actes fictifs qui ont lieu sur scène et la consommation passive du spectacle par la foule de spectateurs. Or, en s'arrachant au rôle mécanique qui lui avait été attribué, l'ours subvertit cet ordre de la représentation. L'interruption dévoile inévitablement les éléments matériels nécessaires à la pantomime. Mallarmé distingue ainsi l'événement de l'interruption d'un simple fait divers : il s'agit de l'entrée en jeu d'un sujet animal que l'homme devait assujettir à un rôle servile pour pouvoir fomenter le mythe de sa supériorité. Ainsi, dans le cas de Baudelaire comme

14 Ch. Baudelaire, *Œuvres complètes*, éd. citée, t. 1, p. 360.

de Mallarmé, le poète procède au détournement des conventions de la culture de masse pour nous donner à lire une trace de l'événement animal. Il s'agira donc, au cours des deux premiers chapitres, de discuter les implications de leurs poétiques respectives sur la reconfiguration du rapport entre l'homme et les animaux.

Si la théorie de Rancière se révèle particulièrement pertinente pour dégager certains enjeux politiques des poèmes animaliers de Baudelaire et Mallarmé, il convient toutefois de reconnaître que l'animal n'est pas au centre des préoccupations du philosophe. Lorsqu'il parle de la subversion d'une frontière instituée depuis Aristote entre l'animal politique, possesseur du *logos*, et l'animal a-politique, c'est avant tout au partage de l'humanité en deux classes qu'il fait référence, ceux qui se destinent à l'action et ceux qui sont relégués à la reproduction de la vie matérielle. La littérature est d'essence démocratique parce qu'elle dissout l'ordre qui sous-tend cette frontière. Dans *L'Animal que donc je suis* et *La Bête et le Souverain*, Jacques Derrida entreprend par contre d'interroger de manière plus persistante l'évidence de la frontière entre deux entités discrètes, l'Homme et l'Animal, qui s'est instituée dans la pensée occidentale. En recourant au mot-valise « animot », il attire d'une part notre attention sur le fait que « l'animal » est avant tout un mot, et un mot qui rassemble en un ensemble homogène des espèces variées et disparates[15]. Derrida lui préfère le néologisme « animot » qui fait entendre, au prix d'une infraction à la grammaire, la pluralité des êtres vivants désignés. Cependant, sa stratégie ne consiste pas à nier frontalement l'abîme qui sépare l'homme des autres animaux, notamment quant à l'usage du langage. Il cherche plutôt à compliquer la frontière, à la diviser :

> La discussion devient intéressante quand, au lieu de se demander s'il y a une limite discontinuante, on cherche à penser ce que devient une limite quand elle est abyssale, quand la frontière ne forme pas une seule ligne indivisible mais plus d'une ligne en abîme ; et quand, par conséquent, elle ne se laisse plus tracer, ni objectiver, ni compter comme une et indivisible[16].

Plutôt que de revendiquer une simple continuité biologique entre l'homme et les animaux, Derrida interroge la rationalité du fondement sur lequel

15 Jacques Derrida, *L'Animal que donc je suis*, Paris, Galilée, 2006, p. 73-74.
16 *Ibid.*, p. 52-53.

le « propre de l'homme » a été défini, qu'il s'agisse, notamment, de l'aptitude à la réponse opposée par Descartes à la réaction animale ou, plus récemment, du pouvoir d'effacer ses propres traces que Lacan refuse aux animaux. Dans ces deux cas, l'argumentation de Derrida consiste à mettre en doute, non pas les pouvoirs qui nous sont attribués, mais plutôt notre capacité à distinguer clairement ces pouvoirs de l'impouvoir auquel on les oppose. Concernant la célèbre distinction cartésienne entre réponse et réaction, par exemple, Derrida se garde bien de contester à l'homme sa capacité de composer des réponses à partir des unités discrètes de la langue. Cependant, il soutient que cette capacité ne nous assure pas celle de pouvoir dans tous les cas distinguer nettement une réponse d'une réaction. Dans la mesure où notre accès à la langue est rendu possible, précisément, par l'itérabilité du signe linguistique – sa disponibilité à des usages répétés –, comment pourrions-nous affirmer avec certitude que nos réponses sont toujours pures de tout automatisme, ou de toute citation ? De même, lorsque, dans « Subversion du sujet », Lacan fonde l'accès humain au signifiant sur notre capacité à effacer nos propres traces, il tient pour admis que tracer et effacer ses traces sont deux gestes que l'on peut toujours penser séparément l'un de l'autre. Or, si tout sujet peut vouloir effacer ses traces, qu'est-ce qui lui garantit le pouvoir d'effacer les traces de l'effacement même ? D'autre part, ajoute Derrida, la capacité de tracer, accordée aux animaux, implique toujours déjà celle de l'effacement :

> Outre que, j'avais essayé de le montrer ailleurs (et c'est pourquoi, il y a si longtemps, j'avais substitué le concept de trace à celui de signifiant), la structure de la trace suppose que *tracer* revienne à *effacer une trace* (toujours présente-absente) autant qu'à l'imprimer, toutes sortes de pratiques animales, parfois rituelles, associent, par exemple dans la sépulture et le deuil, l'expérience de la trace, et celle de l'effacement de la trace[17].

Plutôt que d'attaquer frontalement les thèses dualistes de Descartes et Lacan, Derrida s'attache ainsi à faire valoir la porosité des frontières qu'elles instituent.

À cet égard, les poèmes animaliers de Mallarmé et Valéry, ainsi que le conte de Flaubert « La Légende de Saint Julien l'Hospitalier », se révèlent particulièrement instructifs. En effet, dans la mesure où les

17 *Ibid.*, p. 185.

animaux qu'ils imaginent touchent aux limites de la représentation, c'est aussi toujours le « propre de l'homme » qui y est en jeu. Ces poèmes nous proposent des manières originales et variées de compliquer la frontière entre homme et animal. Dans « Un spectacle interrompu » notamment, dont le commentaire fait l'objet du deuxième chapitre de cet essai, Mallarmé entreprend de lire poétiquement un incident qui intervient au cours d'une représentation de la pantomime *La Bête et le Génie*, où un ours et un clown jouent des rôles caricaturalement opposés l'un à l'autre. Dans la mesure où cet incident consiste en l'interruption du spectacle par la patte menaçante de l'ours, il aurait très bien pu faire l'objet d'un fait divers dans la presse quotidienne. Mais Mallarmé, par défiance envers la parole brute du reportage autant que par intérêt poétique, entreprend de dégager le « type » de cet événement. L'interruption consiste précisément, selon sa lecture, à exposer aux spectateurs les mécanismes de mise en scène que le spectacle devait tenir cachés pour propager le mythe de la supériorité humaine. Mallarmé répond ainsi par l'écriture poétique à l'entrée en jeu de l'ours, et à la transfiguration du mythe. À ses yeux, la scène de théâtre institue momentanément une sémiotique plus complexe que celle qui reposait sur la frontière entre un homme souverain et un animal asservi à des mouvements programmés.

Le troisième chapitre poursuit la discussion des limites entre l'homme et l'animal chez Mallarmé, à partir cette fois du commentaire de sa traduction du poème de Poe, « The Raven ». Ce poème dramatise en effet le caractère intraduisible du langage animal. Le narrateur, en deuil de sa bien-aimée Lénore, reçoit la visite d'un corbeau qui répond au nom de « Nevermore ». Parole de l'animal ou simple réaction, ce mot répété obstinément répond pourtant de manière sensée à chacune des questions du narrateur, opposant ainsi une fin de non-recevoir à ses implorations pour obtenir des nouvelles de sa bien-aimée. Or, ironiquement, lorsqu'il traduit ce poème, Mallarmé se trouve dans une situation analogue à celle du narrateur. Lui aussi se heurte à l'inaptitude des mots de la langue française à reproduire le tissu allitératif de l'original. Les deux tentatives de Mallarmé sont révélatrices à cet égard. Tandis que sa première traduction s'attache en vain à reproduire les réseaux allitératifs et les rimes internes du poème, la deuxième, un poème en prose, renonce clairement à tout idéal de ressemblance esthétique pour mettre en valeur les ambiguïtés syntaxiques de l'original. Dans ce chapitre, nous discutons les conséquences de cette deuxième poétique de la traduction sur la figuration de l'animal. Alors que l'interprétation traditionnelle de « *Nevermore* » comme un messager divin ne survit pas à la traduction en français, les pouvoirs subversifs de la répétition attribués au corbeau y sont au contraire davantage mis en valeur. Le corbeau, loin d'être un messager de l'au-delà, tire de la répétition de « jamais plus » une forme disjointe de toute représentation du deuil, une forme qui serait elle-même le deuil d'une langue divine, cratylienne, dont les signifiants correspondraient parfaitement aux signifiés.

Du « Corbeau » de Mallarmé à « La Légende de Saint-Julien l'Hospitalier » de Flaubert, nous passons, dans le quatrième chapitre, d'un poème en prose à un conte. La rupture peut paraître surprenante dans la mesure où tous les autres textes abordés dans ce livre sont des poèmes. Cependant, « La Légende » occupe une place particulière dans l'œuvre de Flaubert. Considérée par Proust comme son œuvre la plus aboutie stylistiquement, elle pourrait bien s'imposer comme le meilleur exemple de l'ambition que Flaubert se donne dans sa *Correspondance* de « donner à la prose le rythme du vers (en la laissant prose et très prose[18]) ». L'usage que Flaubert fait de l'image du vitrail de Rouen comme principe organisateur du récit, évoque d'ailleurs la « figure » que Todorov situe à l'origine du langage poétique[19]. Mais surtout, ce qui motive la présence de « La Légende » dans ce livre, c'est que ce conte nous invite à une réflexion complexe sur la porosité des frontières entre l'homme et l'animal. Comme plusieurs critiques l'ont déjà remarqué (Élisabeth de Fontenay, Anne Simon), l'identité humaine du personnage s'y trouve affectée par l'animalité dès les premières scènes de chasse. Mais il s'agit d'une animalité particulièrement complexe puisqu'elle correspond, chez ce personnage, au rêve d'un pouvoir souverain qu'il pourrait exercer sur la vie de tous les animaux, un pouvoir étranger à toute règle ou toute forme de ritualisation de la mise à mort de l'autre. Dans ce chapitre, nous nous proposons d'étudier les rapports de miroirs qui s'esquissent au cours du conte entre cette pratique excessive de la chasse et un certain idéal esthétique que Flaubert qualifie d'esthétique du « stylet » dans sa *Correspondance* (« un syle qui vous rentrerait dans

18 Gustave Flaubert, *Correspondance*, éd. Bernard Masson, Paris, Gallimard, 1998, p. 220.
19 Tzvetan Todorov, *Sémantique de la poésie*, Paris, Éditions du Seuil, 1986, p. 14.

l'idée comme un coup de stylet[20] »). Alors que la pratique silencieuse du meurtre en série de Julien a souvent été opposée à celle de l'écrivain, nous démontrons qu'il existe une complicité entre le « tuer pour le plaisir de tuer » du personnage et la pratique nominative quasi cratylienne qui caractérise en particulier la première partie de « La Légende ». Loin de s'en tenir toutefois à cette esthétique, le conte dramatise au contraire son interruption ainsi que l'émergence d'une poétique de la trace, dont le dernier alinéa – si souvent commenté – n'est que la manifestation la plus évidente. Quel est le rôle des animaux dans l'émergence de cette poétique de la trace ? Et que nous dit le conte finalement sur les rapports de contamination entre chasse, animalité et écriture ?

Le dernier chapitre de ce livre est consacré à la figure de l'animal dans les *Essais quasi politiques* de Valéry et son poème inspiré de la Genèse, « Ébauche d'un serpent ». La pensée de Valéry témoigne d'une profonde ambivalence à l'égard du dualisme cartésien. Si dans ses *Essais quasi politiques*, Valéry semble définir l'humain à partir de son opposition à l'automaticité de l'animal, sa pratique de l'écriture poétique aurait plutôt pour effet de remettre en cause cette même opposition. Dans les poèmes de *Charmes*, l'animal resurgit dans la langue comme multiplicateur d'effets allitératifs. L'abîme que représente l'animal n'est pas pensé par Valéry comme un néant, mais comme un artifice qui vient en prendre la place. Par une réécriture de la fable de la Chute du point de vue du serpent, « Ébauche d'un serpent » en particulier remet en cause la souveraineté de l'être humain quant à la possession et la maîtrise d'un *logos* qui puisse se référer aux choses de manière transparente. Ce que nous voudrions suggérer dans ce chapitre final, c'est que la pratique de la poésie n'est pas seulement une question de forme pour Valéry, mais qu'elle requiert une révision critique de l'opposition entre l'homme et l'animal qui structure la notion même de langage humain.

En définitive, les démarches poétiques qui font retour sur le langage et sur la forme ne cautionnent pas pour autant la thèse du dualisme cartésien, mais l'interrogent au contraire de manières variées et originales. Baudelaire, Mallarmé, Valéry, Flaubert attirent ainsi notre attention sur une virtualité de la représentation de l'animal qui consiste précisément à répondre à son regard interrogateur.

---

20 G. Flaubert, *Correspondance*, *op. cit.*, p. 175.

LES CHIENS DE BAUDELAIRE[1]

Le chien des rues fait une irruption singulière dans l'œuvre tardive de Charles Baudelaire. Alors qu'il n'occupe qu'une place très marginale dans le bestiaire du poète en vers, éclipsé par le chat en tant que figure de l'autonomie formelle, ou le cygne qui allégorise l'exil du poète dans la ville moderne, le chien des rues fait soudainement l'objet de commentaires admiratifs dans *Pauvre Belgique !*, avant de s'imposer comme une figure emblématique de l'héroïsme quotidien des marginaux en épilogue du *Spleen de Paris*, dans le poème « Les Bons Chiens ». À quoi attribuer cette identification surprenante du poète à un animal *a priori* plutôt servile et prosaïque, explicitement associé même dans un poème plus ancien, « Le Chien et le Flacon », à l'hostilité imbécile du public envers le raffinement poétique ?

La réponse, au vu de la situation matérielle du poète dans les dernières années de sa vie, peut paraître évidente. Comme Walter Benjamin le rappelle dans son essai « Le Paris du Second Empire chez Baudelaire », l'œuvre poétique de Baudelaire témoigne plus qu'une autre de la perte d'aura subie par la poésie lyrique dès le moment où la vie littéraire se réorganise autour du journal quotidien[2]. Bien qu'il dépende comme le romancier d'un acheteur/diffuseur pour sa survie, le poète lyrique ne dispose pas des mêmes ressources fictionnelles pour fidéliser le lecteur, et devient rapidement le parent pauvre de la scène littéraire du Second Empire. Cet état de dépendance malheureuse au marché est particulièrement dramatisé par Baudelaire dans les textes issus de son exil en Belgique, où il se retrouve criblé de dettes, malade et contraint d'exercer des tâches alimentaires qui l'éloignent de la poésie, pour

1 Ce chapitre est la réécriture d'un article paru sous le titre « *Jeter sa langue aux chiens* : Collective Memory in Baudelaire's "Les Bons Chiens" », dans la revue *Yale French Studies*, n° 125-126, 2014, p. 121-133.

2 Walter Benjamin, *Charles Baudelaire*, trad. Jean Lacoste, Paris, Payot, « Petite Bibliothèque Payot », 1990, p. 43-49.

survivre. L'identification au chien des rues trouve donc apparemment une facile explication. L'animal qui se profile au fil des pages de *Pauvre Belgique !* présente en effet toutes les caractéristiques du travailleur aliéné. Brutalement privé de la liberté de flâner dans les rues, il se trouve captif des intérêts de l'homme, forcé de s'acquitter d'un travail auquel sa physionomie ne le prédestine pas particulièrement, celui de bête de somme, de moyen de transport : « J'ai vu un gros et puissant homme se coucher dans sa charrette et se faire traîner par son chien en montant une montée. C'est bien la dictature du sauvage dans les pays sauvages où le mâle ne fait rien[3]. » Davantage encore que la misère matérielle, c'est l'aliénation du poète dans la cité moderne, sa prolétarisation au sein de l'espace littéraire, que l'image du chien des rues emblématiserait. Conformément à une technique courante du journalisme populaire de cette époque, l'imagerie animale serait ainsi tout simplement utilisée par Baudelaire pour forcer le trait d'un certain type de marginalité sociale auquel il est amené en tant que poète à s'identifier : un portrait de l'artiste en chien des rues.

Il y a toutefois quelques raisons de supposer que cette interprétation de la figure du chien des rues comme caricature du poète déchu est un peu réductrice, et nous voudrions explorer dans les pages qui suivent une autre manière de comprendre la portée politique de ce parti pris poétique en faveur des chiens pauvres. D'une part, ce n'est pas dans ces textes la misère matérielle de l'animal, sa position de victime, qui retient l'attention du poète, mais au contraire la vitalité et l'orgueil dont il fait preuve dans l'adversité, comme en témoignent les notes prospectives suivantes issues de *Pauvre Belgique !* : « Beau chapitre à faire sur ces vigoureux chiens, sur leur zèle, et sur leur orgueil. On dirait qu'ils veulent humilier les chevaux[4]. » Mais surtout, que ce soit dans les notes de *Pauvre Belgique !* ou le poème en prose « Les Bons Chiens », l'image du chien des rues ne se réfère pas de manière transparente au poète déchu comme une caricature à son modèle ; elle dessine plutôt le profil d'un autre indéterminé, sans nom, sans lieu propre, privé de sépulture, dont la société exploite la force de travail sans pourtant lui reconnaître le droit de cité. Loin d'intervenir comme la représentation isolée d'un type social

3 Charles Baudelaire, *Œuvres complètes*, éd. Claude Pichois, Paris, Gallimard, « Bibliothèque de la Pléiade », 1976, t. 2, p. 825.

4 *Ibid.*, p. 861.

particulier, la figure du chien fait écho à d'autres images d'animaux de rues dans le recueil *Le Spleen de Paris* (le chat ou l'âne) qui dramatisent toutes la manière paradoxale dont la civilisation moderne fait participer cet autre muet à ses rites, en tant qu'instrument de lecture dans « Le Chat et l'Horloge », en tant que goûteur de parfum dans « Le Chien et le Flacon », en tant qu'acolyte du saltimbanque ou encore moyen de transport de la population urbaine dans « Un plaisant » et « Les Bons Chiens ». Ainsi plutôt que de procéder à une physiologie du pauvre poète, Baudelaire fait de l'animal des rues un motif allégorique qui interroge plus radicalement l'exclusion, l'oubli ou l'assimilation anthropomorphique à partir desquels les rites de la civilisation se constituent dans la ville moderne. C'est précisément le problème de la représentation de cet autre sans parole, à qui les œuvres de la civilisation ne s'adressent pas en propre, que les poèmes animaliers de *Spleen de Paris* – et « Les Bons Chiens » en particulier – semblent aborder.

À cet égard, la manière dont Jacques Rancière pense le rapport entre politique et littérature depuis *La Mésentente* devrait pouvoir nous aider à mieux comprendre la politique de ce parti pris singulier de Baudelaire pour le chien des rues. Dans *La Mésentente*, Rancière donne en effet un sens au mot « politique » qui permet de rendre compte d'une grande variété d'interventions – littéraires ou non – sur la configuration de la sphère publique. La politique se distingue pour lui de ce qu'on entend communément par ce terme, et qu'il désigne par le nom de « police », à savoir l'exercice du pouvoir, la répartition des rôles et des parts et le système qui légitime cette répartition. Ce que Rancière nomme « politique » dans *La Mésentente*, c'est précisément l'activité qui intervient sur cet espace commun *policé* et qui a pour effet de trahir le mécompte à son origine. Il s'agit donc de revenir sur ce « partage du sensible » et de tenir compte de ceux qui en sont exclus. Telle devrait être l'activité politique : faire voir « ce qui n'avait pas lieu d'être vu », faire entendre « comme discours ce qui n'était entendu que comme bruit[5].

Ainsi, Rancière conteste la frontière établie dans la *Politique* d'Aristote entre l'homme et l'animal, sur la base de la possession du langage. Ce qui distingue l'animal politique de l'animal pour Aristote, c'est une certaine aptitude à la production linguistique : l'animal politique sait utiliser la langue pour exprimer le juste, l'utile, plutôt que pour indiquer

5 J. Rancière, *La Mésentente : politique et philosophie*, *op. cit.*, p. 53.

simplement la douleur ou le plaisir. Sa participation à la vie de la cité est autorisée par le signe de l'aptitude à l'expression rationnelle qui le distingue des autres espèces animales ainsi que des êtres humains subordonnés, les esclaves, inaptes par leur position sociale à utiliser la langue dans une intention délibérative. Mais pour Rancière, circonscrire le politique de cette manière revient en fait à éluder une question politique cruciale : comment *lit-on* ce signe électif ? Qu'est-ce qui nous permet de distinguer avec assurance la voix du *logos* de celle du *pathos*, l'indication de la souffrance de l'expression de l'injuste ? Et n'est-ce pas précisément le rôle de l'intervention politique que de rendre cette lecture, cette distinction problématique ? Comme Samuel Chambers le remarque dans son article sur Rancière, « The Politics of Literarity » :

> Rancière remet ainsi en question, et situe comme la question *de* la politique, précisément ce qu'Aristote voudrait pouvoir affirmer comme le point de départ donné *pour* la politique. De cette manière, pour Rancière, la politique démocratique doit concerner notre interprétation du signe de la politique d'Aristote ; elle doit *précéder* la scène politique invoquée par Aristote. La relation entre le sujet et le langage a désormais été renversée ou inversée : plutôt que de partir d'un sujet donné qui en viendrait ensuite à posséder le langage, Rancière a placé la question du langage (de l'interprétation, des signes) au commencement[6].

C'est aussi pour cette raison que la littérature est, pour Rancière, un lieu d'intervention sur la configuration de l'espace commun. Les pratiques littéraires qui s'inaugurent au XIXe siècle sont politiques dans la mesure où elles lisent un signe là où on n'entendait, avant elles, qu'un bruit, où elles remettent en cause la distinction entre la sphère du politique – du proprement humain – et celle de l'a-politique, de l'animalité sous quelque forme que ce soit. En lieu et place d'une poétique aristotélicienne fondée sur l'imitation d'actions et adressée en propre aux notables « agissants » de la cité, on assiste à l'émergence d'une littérarité à la fois muette et bavarde, qui ignore à qui elle devrait s'adresser en propre, qui est susceptible sans l'être vraiment de partager le *logos*.

Comme nous voudrions le suggérer dans les pages qui suivent, c'est plutôt en ce sens que le parti pris des chiens de rues dans « Les Bons Chiens » peut être compris politiquement. L'image des chiens des pauvres

6 Samuel Chambers, « The Politics of Literarity », *Theory and Event*, vol. 8, n° 3, 2005, p. 74. C'est moi qui traduis.

n'est pas simplement utilisée pour plaider la cause des marginaux, poètes prolétarisés, chiffonniers ou saltimbanques. Le poète d'« Assommons les pauvres ! » ne se convertit pas sur le tard en porte-parole des laissés-pour-compte. Ce n'est pas parce qu'il est pauvre que le chien intéresse le poète, c'est parce que son errance et son dénuement, l'indétermination même de cette figure, lui fournissent une bonne occasion d'intervenir sur le programme policé de lecture, l'idéologie du visible, qui triomphe dans le Paris du Second Empire. Comme Walter Benjamin le relate dans le même essai cité précédemment, « Le Paris du Second Empire chez Baudelaire », l'emprise du journalisme sur la vie littéraire n'a pas seulement donné lieu à la marginalisation de la poésie lyrique, elle a aussi rendu possible l'épanouissement d'une forme de littérature populaire, les romans-feuilletons et les physiologies, où le littérateur s'emploie à rendre lisibles à un lectorat essentiellement bourgeois les mœurs des nouveaux types sociaux qui composent les foules anonymes et inquiétantes de la ville moderne. Or, c'est à l'incompté de cette forme de représentation, au refoulé de l'ambition totalisante du panorama, que le poème « Les Bons Chiens » confronte ses lecteurs. Le poème en prose de Baudelaire, en procédant à une physiologie « poétique » du bon chien fait intervenir un excès dans le système lisible de similarités et de différences mis en place par la littérature panoramique. En plaidant pour une configuration de la cité moderne à partir du signe comme trace, Baudelaire interroge la manière dont les parts et les rôles sont répartis dans cet espace de représentation.

AU-DELÀ DU COMIQUE SIGNIFICATIF

Les premières lignes du poème placent d'ailleurs le problème de la représentation au centre. Avant de s'acquitter de la tâche de chanter les chiens, Baudelaire discute les modèles d'écriture dont il pourrait s'inspirer, et oppose le point de vue du naturaliste Buffon à celui du romancier Sterne :

> Je n'ai jamais rougi, même devant les jeunes écrivains de mon siècle, de mon admiration pour Buffon ; mais ce n'est pas l'âme de ce peintre de la nature pompeuse que j'appellerai à mon aide. Non.

> Bien plus volontiers je m'adresserais à Sterne, et je lui dirais : « Descends du ciel, ou monte vers moi des champs Élyséens, pour m'inspirer en faveur des bons chiens, des pauvres chiens, un chant digne de toi, sentimental farceur, farceur incomparable[7] ! »

En quoi Buffon et Sterne sont-ils susceptibles d'incarner deux modes de représentation opposés à l'égard de l'animal, l'un préféré à l'autre par le poète ? De toute évidence, Baudelaire refuse d'endosser le rôle d'un historien de la nature qui classifie les êtres, les situe dans une chaîne de signes conventionnels dont le point de référence est l'être humain, lui-même considéré comme « classificateur hors classe[8] » selon l'expression d'Élisabeth de Fontenay. Dans son *Discours sur la nature des animaux*, Buffon accorde ainsi aux chiens la capacité d'éprouver un attachement irréfléchi pour leur maître mais pas d'amitié véritable, laquelle suppose l'usage de la raison. Le naturaliste établit des rapports d'identité et de différences entre l'homme et les autres espèces, sans que les principes qui motivent la supériorité humaine ne soient jamais interrogés.

Mais le nom de Buffon, dans le contexte du journalisme urbain du XIXe siècle, n'évoque pas qu'un historien de la nature, il fait aussi écho au genre de la physiologie, dans lequel ses méthodes de classification sont souvent reprises et appliquées de manière humoristique à la faune urbaine. Comme le remarque Richard Sieburth dans son article sur les physiologies, ces satires sociales publiées en masse et destinées à donner une visibilité et une lisibilité parfaitement rassurantes à tous les nouveaux types sociaux de la faune urbaine se plaisent à citer Buffon ou Linné de manière comique, un humour qui repose sur « l'évidente disproportion entre la technicité scientifique sophistiquée de la description et la banalité extrême de l'espèce sociale en question[9] ». Il ne s'agit pas d'utiliser la science pour faire voir ce qui n'apparaît pas à l'œil nu, mais plutôt pour faire apparaître la banalité du phénomène social sous un jour comique, et de renforcer « nos plus conventionnelles suppositions concernant la nature humaine et la société[10] ».

Cette forme de satire s'apparente ainsi de près à un type de comique que Baudelaire, dans son essai sur le rire, distingue du comique absolu.

7 Ch. Baudelaire, *Œuvres complètes*, éd. citée, t. 1, p. 360.
8 Élisabeth de Fontenay, *Le Silence des bêtes*, Paris, Fayard, 1998, p. 422.
9 Richard Sieburth, « Une idéologie du lisible », *Romantisme*, 1985, vol. 15, n° 47, p. 45.
10 *Ibid.*

Le comique significatif, affirme Baudelaire en prenant les contes de Voltaire pour exemple, est essentiellement raisonnable et rétif aux excès du « vrai grotesque » parce qu'il « tire sa raison d'être de l'idée de supériorité[11] ». Le poème « Un plaisant » peut être lu notamment comme l'exposition critique de ce type d'humour, lorsque le poète s'irrite de la bêtise d'un « beau monsieur ganté » qui tire la révérence et souhaite emphatiquement la bonne année à un âne qui passe, martyrisé par le fouet du cocher[12]. Quelle que soit la manière dont la colère du narrateur puisse être interprétée (nous y reviendrons plus loin dans ce chapitre), le geste humoristique de ce « beau monsieur » consiste de toute évidence à souligner l'abîme qui sépare la bête de somme de la communauté humaine qui fête fraternellement la nouvelle année. S'il inclut ironiquement l'âne dans la célébration du Nouvel An – « Je vous la souhaite bonne et heureuse[13] » – c'est pour rire et faire rire de son étrangeté au rite, lui qui ignore tout de ce qui se passe autour de lui, depuis les paroles qui lui sont adressées jusqu'aux motifs de la fête. D'ailleurs, même s'il en avait conscience, l'année ne s'annoncerait ni bonne ni heureuse pour cet âne dont le travail consiste, « harcelé par un malotru[14] », à transporter des citadins en fête. L'ironie du plaisant se double ainsi de mauvaise foi (et ce pourrait être une première manière de comprendre la colère du narrateur) : il rit de l'évidente extériorité de la bête aux festivités, alors que le succès de ces dernières dépend précisément en partie de son travail.

Or, en appelant à son aide le romancier Sterne pour chanter les chiens, il semble bien que Baudelaire cherche à distinguer le mode humoristique du poème en prose du comique « significatif » de la physiologie. Ce qu'il valorise chez Sterne en effet, dans ce poème comme dans d'autres commentaires critiques sur *Tristram Shandy* c'est un comique moins prévisible, où l'ironie ne peut être clairement dissociée de l'empathie. Sterne est ici invoqué comme « sentimental farceur, farceur incomparable[15] ». Dans la scène de *Tristram Shandy* à laquelle Baudelaire fait allusion, la plaisanterie du narrateur consiste certes – comme dans le poème « Un plaisant » – à faire d'un âne l'acteur inconscient d'une scène

11 Ch. Baudelaire, *Œuvres complètes*, éd. citée, t. 2, p. 537.
12 Ch. Baudelaire, *Œuvres complètes*, éd. citée, t. 1, p. 279.
13 *Ibid.*
14 *Ibid.*
15 *Ibid.*, p. 360.

insolite en lui donnant à manger un gâteau. Mais, dans ce cas, aux yeux de Baudelaire, l'intérêt de la plaisanterie ne se résume pas au ridicule de l'animal anthropomorphisé (ou à la bêtise du farceur). Le geste du narrateur consiste en premier lieu à reconnaître et récompenser le travail de la bête de somme, plutôt que de s'amuser de son exploitation. Le narrateur ne se tient pas à distance de l'âne comme un physiologiste de son objet d'étude, il partage avec lui son repas. C'est « à califourchon sur ce fameux âne[16] » que Baudelaire imagine Sterne, comme si le romancier ne pouvait se dissocier du personnage animal qu'il représente.

Davantage, dans la lecture de Baudelaire, le spectacle comique n'exclut pas la possibilité d'une lecture allégorique. Il affirme ainsi dans un passage des *Salons de 1859* à l'occasion d'un commentaire de la même scène :

> Que l'âne soit comique en mangeant un gâteau, cela ne diminue rien de la sensation d'attendrissement qu'on éprouve en voyant le misérable esclave de la ferme cueillir quelques douceurs dans la main d'un philosophe[17].

Un autre texte se substitue ici à la scène de comédie anthropomorphique. Au-delà de la trivialité du spectacle, et indépendamment des intentions, malignes ou charitables, de celui qui le met en scène, ce geste n'en dessine pas moins la figure d'un échange entre un homme de lettres et un âne. Le don du macaron s'accompagne d'ailleurs, dans le passage de Sterne cité par Baudelaire, d'une conversation engagée avec l'âne où chaque mouvement du corps de l'animal est interprété comme une réponse. Sterne suspend ainsi la distinction entre l'accidentel et l'intentionnel pour produire un dialogue inattendu. Plutôt que de donner lieu au partage d'un savoir commun au personnage et à son public, le geste du don ouvre la scène à un devenir imprévisible. Baudelaire suggère même qu'un des effets imprévisibles de ce dialogue insolite, c'est d'avoir rendu l'âne indissociable de l'image de l'auteur Sterne dans la mémoire collective :

> Reviens à califourchon sur ce fameux âne qui t'accompagne toujours dans la mémoire de la postérité ; et surtout que cet âne n'oublie pas de porter, délicatement suspendu entre ses lèvres, son immortel macaron[18] !

---

16 *Ibid.*

17 Ch. Baudelaire, *Œuvres complètes*, éd. citée, t. 2, p. 630.

18 Ch. Baudelaire, *Œuvres complètes*, éd. citée, t. 1, p. 360.

La figure de l'âne qui tient entre ses lèvres « son immortel macaron » fait ici clairement écho à celle d'une mémoire anonyme et collective – la postérité – qui, sans avoir nécessairement lu les œuvres complètes du romancier, aurait gardé en tête (l'étymologie latine du verbe « lire » est « *legere* » qui veut dire « cueillir ») comme signature de l'auteur l'image du philosophe à califourchon sur son âne. Ainsi, contrairement au comique ordinaire critiqué dans « Un plaisant », le comique de Sterne, pour Baudelaire, ne repose pas sur un simple rapport de supériorité entre deux sujets, un ignorant (le représenté) et un savant (celui qui représente). Sa farce « sentimentale » n'exclut pas tout rapport d'empathie entre l'un et l'autre et elle se double d'un commentaire indirect sur le rapport entre auteur et lecteur.

Si c'est de ce mode de représentation que le poète des « Bons chiens » déclare s'inspirer, qu'allégorisent alors les chiens des pauvres dans ce poème et en quoi ce chant « en faveur des bons chiens » peut-il être lu comme une subversion des conventions de la caricature sociale ?

DES LECTEURS DANS LA VILLE

Pour une grande partie du poème, « Les Bons Chiens » s'apparente en fait davantage à un éloge de l'héroïsme des bons chiens qu'à une satire comique. En réaction à l'attitude répandue qui consiste à traiter les chiens errants de parasites, (« ceux-là que chacun écarte comme pestiférés et pouilleux[19] »), le poète institue une communauté fraternelle avec le chien des pauvres qui n'est pas seulement motivée par l'empathie mais aussi par le type d'activité symbolique auquel tous deux participent.

Le contraste qu'il établit entre le chien pauvre et le chien des riches est à cet égard significatif. Loin de se tenir à une frontière unique supposée séparer l'homme de tous les autres animaux, Baudelaire multiplie les divisions. Au sein même de l'espèce canine, une division de classe sépare les chiens errants des chiens domestiques. Or, ceux qui, de par leurs manières, s'apparentent le plus à des êtres civilisés – les animaux de compagnie – se montrent aussi aux yeux du poète les plus stupides.

19 *Ibid.*

Dans « Les Bons Chiens », le parasite n'est pas le chien errant mais le chien de race, le chien « bellâtre » qui est perçu comme parasitaire à cause précisément de son incapacité à lire. Ironiquement, c'est quand il se prête le plus facilement au jeu des ressemblances avec des types sociaux, ceux mêmes que les physiologies des années 40 se plaisent à cataloguer (« sot comme une lorette, quelquefois hargneux et insolent comme un domestique[20] »), que le chien se révèle le plus dénué de toute forme d'intelligence. Fier de son apparence, il se fie aveuglément à son appartenance à la communauté des humains (« si enchanté de lui-même qu'il s'élance indiscrètement dans les jambes ou les genoux du visiteur[21] ») et manque du flair nécessaire « pour suivre la piste d'un ami ». En d'autres termes, il lui manque la faculté de faire la différence entre des traces familières et les traces d'un inconnu, d'identifier le commun parmi le divers :

> Fi surtout de ces serpents à quatre pattes, frissonnants et désœuvrés, qu'on nomme levrettes, et qui ne logent même pas dans leur museau pointu assez de flair pour suivre la piste d'un ami, ni dans leur tête aplatie assez d'intelligence pour jouer au domino[22] !

Étonnante à première vue, cette référence au jeu du domino peut être lue comme la métaphore d'une aptitude à la production symbolique. Le domino distingue ici le chien lecteur du chien parasite parce que c'est un jeu qui sollicite la capacité d'assembler des pièces diverses en vertu d'une partie commune. Ainsi, l'identification du poète au chien des rues, davantage que simplement justifiée par la misère matérielle des deux personnages (faisant ainsi du chien des rues un symbole facile de la misère humaine et de l'exclusion sociale), semble bien motivée par un instinct « poétique » commun, une aptitude au déchiffrement du semblable, et à la composition de l'unité à partir du divers. Ce qu'il y a de commun entre le poète et l'animal des rues, c'est précisément la capacité de créer du commun, de repérer des analogies dans les rues indistinctes de la ville moderne. C'est d'ailleurs en ces termes que Jacques Rancière évoque l'esthétique symboliste dans *Le Destin de l'image* :

---

20 *Ibid.*
21 *Ibid.*
22 *Ibid.*

> Entre les éléments étrangers, elle [la manière symboliste] s'emploie en effet à établir une familiarité, une analogie occasionnelle, témoignant d'une relation fondamentale de co-appartenance, d'un monde commun où les hétérogènes sont pris dans un même tissu essentiel, toujours susceptibles donc de s'assembler selon la fraternité d'une métaphore nouvelle[23].

Bien plus, l'activité des chiens dans la ville devient même emblématique de l'esthétique du texte. Dans la partie médiane du poème, Baudelaire reprend en effet le motif sternien de l'âne au macaron pour suggérer cette fois un parallèle significatif entre la consommation des restes par les chiens de la ville et la pratique citationnelle à laquelle le poète se livre pour tisser son « chant ». À travers l'évocation des différentes formes de lien social que les chiens tissent avec les exclus de la ville moderne s'esquisse une sorte d'éthique de la re-signification qui concerne aussi le travail du poète. De même que les chiens des rues partagent notamment le repas « de certaines pucelles sexagénaires, dont le cœur inoccupé s'est donné aux bêtes parce que les hommes imbéciles n'en veulent plus[24] », de même le poète ne tisse son poème qu'à partir de fragments d'œuvres diverses (Sterne, Stevens, Swedenborg, Roqueplan). Un des fragments repris dans le poème provient d'ailleurs d'une chronique culturelle publiée en feuilleton par Nestor Roqueplan et sa citation donne l'occasion au poète d'adresser un commentaire indirect sur la manière dont le poème se distingue de la presse de masse :

> « *Où vont les chiens ?* » disait autrefois Nestor Roqueplan dans un immortel feuilleton qu'il a sans doute oublié et dont moi seul, et Sainte-Beuve peut-être, nous nous souvenons encore aujourd'hui.
>
> Où vont les chiens, dites-vous, hommes peu attentifs ? Ils vont à leurs affaires. Rendez-vous d'affaires, rendez-vous d'amour. À travers la brume, à travers la neige, à travers la crotte, sous la canicule mordante, sous la pluie ruisselante, ils vont, ils viennent, ils trottent, ils passent sous les voitures, excités par les puces, la passion, le besoin ou le devoir. Comme nous, ils se sont levés de bon matin, et ils cherchent leur vie ou courent à leurs plaisirs[25].

Alors qu'il faisait état de son admiration, au début du poème, à l'égard de la pérennité de l'image de l'âne au macaron dans la mémoire de la postérité, le poète remarque ici l'oubli général auquel est vouée

23 Jacques Rancière, *Le Destin des images*, La Fabrique, 2003, p. 67.
24 Ch. Baudelaire, *Œuvres complètes*, éd. citée, t. 1, p. 361.
25 *Ibid.*

toute chronique culturelle parue en feuilleton dans les quotidiens. Ironiquement, à l'inattention des citadins « hommes inattentifs », qui ignorent le travail quotidien des chiens des rues, fait écho l'amnésie du chroniqueur social qui, une fois son épisode sur les chiens vendu, s'est tourné vers d'autres affaires. Nestor Roqueplan est d'ailleurs connu pour avoir soldé sa carrière de littérateur au profit d'un métier plus fructueux : celui de directeur d'opéra.

Mais au-delà de cette pointe de sarcasme contre l'industrie du feuilleton et de l'obsolescence qu'elle génère autour d'elle[26], ce passage souligne essentiellement le rôle de mémoire vivante qu'endosse le poète dans la ville moderne à l'instar du chien des rues. Il faut un poète, semble ici suggérer Baudelaire, pour reconnaître dans la prose quotidienne d'une chronique sociale la disponibilité du refrain d'un jour à des usages ultérieurs, ce qui revient à exploiter le pouvoir d'itération du signe ; de même qu'il faut des chiens de rues pour tisser du lien social là où ne sévissent que l'usure et l'oubli. À l'invitation que le chien adresse à l'homme abandonné (« Prends-moi avec toi, et de nos deux misères nous ferons peut-être une espèce de bonheur[27] ! »), répond le geste poétique d'unir sa voix sur le mode du pastiche à celle du prosateur et de redonner sens à la question du passant indigné que contient le feuilleton de Roqueplan : « Où vont les chiens ? ».

Cette poétique du recyclage correspond d'ailleurs de près à la représentation du poète en chiffonnier dont use Baudelaire dans d'autres poèmes, notamment « Du vin et du haschisch », où la création d'un poème s'apparente à l'acte de recueillir et de recycler les déchets du monde urbain :

> Tout ce que la cité a rejeté, tout ce qu'elle a perdu, tout ce qu'elle a dédaigné, tout ce qu'elle a brisé, il le catalogue, il le collectionne. Il compulse les archives de la débauche, le capharnaüm des rebuts. Il fait un triage, un choix intelligent ; il ramasse, comme un avare un trésor, les ordures qui, remâchées par la divinité de l'Industrie, deviendront des objets d'utilité ou de jouissance… Il arrive hochant la tête et butant sur les pavés, comme

26 Baudelaire, comme nous le rappelle Walter Benjamin dans « Le Paris du Second Empire chez Baudelaire », a été un observateur lucide de la manière dont le marché décide des carrières littéraires dès lors que le feuilleton devient le moteur de la production littéraire. Lui-même n'a jamais su profiter de ce système de publications sérielles qui assurait aux romanciers notamment des salaires importants (W. Benjamin, *op. cit.*, p. 52-54).

27 Ch. Baudelaire, *Œuvres complètes*, éd. citée, t. 1, p. 361.

> les jeunes poètes qui passent toutes leurs journées à errer et à chercher des rimes[28].

La création poétique est ici explicitement comparée à un travail de lecture, qui, toujours selon l'étymologie latine du mot, consiste à cueillir et archiver ce que la cité rejette pour en faire un objet d'art et ne tient pas pour admise la réduction de la chronique sociale à une absorption quotidienne et amnésique de types sociaux, à la consommation quotidienne d'un langage qui déchiffre le visible et explique son opacité. Ironiquement, alors que, dans le poème « Le Chien et le Flacon », Baudelaire s'indignait de devoir procéder au choix d'ordures plutôt que de parfums raffinés pour satisfaire le public, c'est dans « Les Bons Chiens » ce travail de lecture des traces qui est valorisé comme manière de contester l'oubli collectif auquel participe la culture journalistique de la cité moderne.

Les changements apportés à l'extrait du feuilleton cité importent à cet égard : alors que Roqueplan identifie le chien des rues à un type littéraire connu, le vagabond amoureux, emporté par la passion, et permet au lecteur de localiser le chien dans un rapport d'altérité rassurante, Baudelaire n'attribue au chien que les caractéristiques les plus communes à tout citadin[29]. Plutôt que de remplir le vide laissé par la mémoire collective par le portrait d'une forme d'altérité familière, il fait du chien errant le signe révélateur d'un affairement commun à tous les êtres qui composent la foule anonyme :

> Ils vont à leurs affaires.
>
> Rendez-vous d'affaire, rendez-vous d'amour. À travers la brume, à travers la neige, à travers la crotte, sous la canicule mordante, sous la pluie ruisselante, ils vont, ils viennent, ils trottent, ils passent sous les voitures, excités par les puces, la passion, le besoin ou le devoir. Comme nous, ils se sont levés de bon matin, et ils cherchent leur vie ou courent à leurs plaisirs[30].

---

28 Ch. Baudelaire, « Du vin et du haschisch », *Œuvres complètes*, éd. citée, t. 1, p. 381.

29 Pour un compte rendu détaillé de l'usage que Baudelaire fait de la chronique de Roqueplan, voir l'article de Graham Chesters, « Sur "Les Bons Chiens" de Baudelaire », *Revue d'histoire littéraire de la France*, vol. 80, n° 3, 1980, p. 416-421. Chesters cite notamment le passage suivant de la chronique : « Ce chien-là est celui qui va si vite et qui fait dire à tous ceux dont il frôle les pantalons : où vont les chiens ? Il va… Il va où la passion l'emporte. Tantôt c'est une chienne de qualité qui l'a remarqué et attiré par des coquetteries un jour qu'il passait dans un quartier riche et qu'il regardait le balcon d'un bel hôtel. Il a pris l'adresse et est allé dîner, et le soir il trotte le plus de travers possible vers l'hôtel de la *señora*, au risque d'être assommé par le portier, dont la femme finit par s'attendrir et favoriser une union mal assortie sous le rapport des conventions sociales. »

30 Ch. Baudelaire, *Œuvres complètes*, éd. citée, t. 1, p. 361.

Ce que les hommes peu attentifs ne savent pas voir, en d'autres termes, c'est leur proximité de ces êtres qu'ils identifient comme différents, parasitaires, « pestiférés et pouilleux[31] ». Ce que la question « Où vont les chiens ? » élude, c'est la difficulté de poser une distinction d'essence entre l'affairement de l'homme d'affaires, de l'amoureux, du travailleur ou du poète et celui des chiens errants : « Comme nous », scande le poème, « ils se sont levés de bon matin, et ils cherchent leur vie ou courent à leurs plaisirs. » Ce « nous » pourrait tout aussi bien se référer au travail quotidien du poète urbain tel que l'évoque le célèbre poème « Le Soleil » (« Flairant dans tous les coins les hasards de la rime, / Trébuchant sur les mots comme sur les pavés, / Heurtant parfois des vers depuis longtemps rêvés[32] »), ou aux activités de tout salarié qui va gagner sa vie quotidiennement, ou cherche à s'en distraire. Les chiens des rues deviennent le signe de l'anonymat des activités citadines dans la foule plutôt que les représentants d'un type social particulier, identifiable comme différent. Comme Rancière l'affirme dans *Le Fil perdu*, au chapitre consacré à Baudelaire intitulé « Le goût infini de la république », la beauté moderne est « celle de la multiplicité anonyme, du corps qui a perdu les lignes qui le définissaient, d'un être arraché à son identité[33] ».

Aussi n'est-ce pas surprenant que lorsqu'il est question de rendre justice aux chiens errants dans la deuxième partie du poème, ce soit en premier lieu à la reconnaissance de leur errance comme une forme de travail dans l'ombre que le poète fasse appel. Si la république, moins accaparée par le bonheur des hommes se préoccupait « de *l'honneur* des chiens », son dictionnaire « pourrait aussi bien (les) qualifier d'*officieux* », un adjectif qui dénote à la fois l'excès de zèle des chiens de rues, et l'absence de statut officiel de leurs services. Ce n'est pas surprenant non plus que la récompense que le poète envisage pour lui-même soit finalement un « beau gilet », le gilet du peintre, qui sacre symboliquement l'esthétique du recyclage à laquelle il s'est adonné :

> Les bergers de Virgile et de Théocrite attendaient, pour prix de leurs chants alternés, un bon fromage, une flûte du meilleur faiseur, ou une chèvre aux mamelles gonflées. Le poète qui a chanté les pauvres chiens a reçu pour récompense un beau gilet, d'une couleur à la fois riche et fanée, qui fait

31 Ibid.
32 *Ibid.*, p. 83.
33 J. Rancière, *Le Fil perdu*, La Fabrique, 2014, p. 108.

> penser aux soleils d'automne, à la beauté des femmes mûres et aux étés de la Saint-Martin[34].

Cette récompense est en effet soigneusement distinguée par Baudelaire d'une simple récompense matérielle – celle que recevaient les chanteurs antiques, selon la tradition de l'églogue –, mais aussi, peut-être, de manière sous-jacente, du salariat dont ont pu bénéficier les écrivains de feuilletons, dès le moment où ce sont les besoins du journalisme de masse qui déterminent le succès des carrières littéraires. Ce qui donne de la valeur au gilet, c'est la richesse suggestive de sa couleur qui compense l'usure de son étoffe. Il semble s'imposer à la fois comme une métaphore du pouvoir de re-signification reconnu par Baudelaire dans la prose du monde et comme l'art de la correspondance analogique auquel recourt abondamment son poème en faveur des chiens des rues. En tant que récompense, le gilet convient à l'économie alternative de la re-signification opposée au mode industriel de la production journalistique sérielle. Il récompense l'acte d'avoir fait sortir de l'oubli un travail occulté par l'idéologie utilitariste de la cité moderne.

L'IRONIE DU GILET

Il convient pourtant de s'arrêter un moment sur le don du gilet, qui justifie l'existence du poème. Comme le remarque Patricia S. Han dans son article « Baudelaire's "Les Bons Chiens" : the Art of the Exchange », la présentation du gilet comme récompense du poème « Les Bons Chiens » nous confronte à une incongruité temporelle. Si une récompense est décernée au chant du poète, c'est que l'écriture du chant doit avoir déjà eu lieu. Or, comment, dans ce cas, le récit de l'épisode de la récompense pourrait-il figurer dans le poème[35] ? Plusieurs signes dans le texte invitent au contraire à inverser l'ordre chronologique des deux événements et à concevoir le don du gilet comme une transaction qui génère l'écriture du poème plutôt qu'elle ne le récompense. Le poème est ainsi écrit à l'adresse

34 Ch. Baudelaire, *Œuvres complètes*, éd. citée, t. 1, p. 362.

35 Patricia Han, « Baudelaire's "*Les Bons Chiens*" : the Art of Exchange », *Bulletin baudelairien*, vol. 40, 2005, p. 97-112.

du peintre animalier Joseph Stevens, présenté comme donateur du gilet à la fin du texte. Si ce vêtement est convoité par le poète, à cause de son pouvoir évocateur « d'une couleur à la fois riche et fanée, qui fait penser aux soleils d'automne, à la beauté des femmes mûres et aux étés de la Saint-Martin[36] », Baudelaire insiste aussi sur la contrainte qu'il représente. Plutôt qu'un don qui récompense le génie du poète, c'est un don qui met ce génie à l'épreuve, le forçant à écrire un poème sur des chiens pauvres (« Et toutes les fois que le poète endosse le gilet du peintre, il est *contraint* de penser aux bons chiens[37]… »). La première version du poème, publiée dans *L'Indépendance belge* en 1865, précisait d'ailleurs dans une note d'introduction le caractère occasionnel du poème, « composé par M. Charles Baudelaire à l'occasion d'un gilet qui lui avait été donné par Joseph Stevens, et *sous la condition* qu'il écrirait quelque chose sur les chiens des pauvres[38] ».

Au-delà de la question de l'ordre chronologique entre l'épisode du don et celui de l'écriture, ce qui importe dans cette prise en compte du caractère occasionnel du poème, c'est qu'elle affecte singulièrement notre lecture de l'éloge poétique « en faveur » des chiens et de la critique sous-jacente du journalisme de masse jusqu'ici mise en avant. Si c'est l'acquisition d'un vêtement qui motive l'écriture des « Bons Chiens », alors l'identification du poète avec le chien des rues – tout l'héroïsme du poème que nous avions pris soin de distinguer des conventions du comique significatif – apparaît comme l'effet d'une comédie intéressée. Une disjonction apparaît entre la voix du narrateur, son lyrisme empathique, soucieux d'éviter les facilités de la caricature sociale, et la voix d'un auteur qui commente en épilogue le contexte trivial dans lequel ce chant a lieu et qui désigne d'ailleurs – sur le ton du fait divers – le chanteur de bons chiens à la troisième personne (« *Le poète* qui a chanté les bons chiens […]. Et toutes les fois que *le poète* endosse le gilet du peintre, *il* est contraint de […][39] »).

C'est comme si l'acte moral évoqué plus tôt, « ménager *l'honneur* des chiens », ne pouvait intervenir que par le détour d'un jeu, de l'entrée du poète dans un rôle, bref par le biais de l'ironie. Plutôt qu'une récompense symbolique à l'acte de chanter les chiens ou même qu'un simple bien

36 Ch. Baudelaire, *Œuvres complètes*, éd. citée, t. 1, p. 363.
37 *Ibid.* C'est moi qui souligne.
38 Baudelaire, *Petits Poëmes en prose (Le Spleen de Paris)*, éd. Robert Kopp, Paris, Gallimard, *Poésie*, p. 238. C'est moi qui souligne.
39 Ch. Baudelaire, *Œuvres complètes*, éd. citée, t. 1, p. 363. C'est moi qui souligne.

matériel en échange duquel le poète vend son œuvre, le gilet est ainsi donné à lire comme une indication concernant le mode d'inscription du poème « Les Bons Chiens » sur la page. De même que le poète « endosse le gilet du peintre », de même son chant – issu de l'obligation de chanter, de la contrainte – se tisse à partir de deux voix qu'on ne peut pas démêler l'une de l'autre, l'une empathique, l'autre sarcastique.

Comme nous l'avons déjà mentionné, Baudelaire insiste sur la nécessité de ce mode d'écriture, de cette ironie profonde, pour chanter les chiens des rues. Ce n'est qu'à l'aide de l'ironie sternienne (aux dépens de la représentation buffonnienne) que le chant est possible, de même que seul le fait d'endosser le gilet occasionne une pensée pour les animaux de prédilection de Joseph Stevens. Le gilet s'impose donc comme une métaphore de l'ironie en tant que langage qui rend le sens possible et impossible à la fois. Il rend le sens possible parce que sans gilet, la nomination des bons chiens n'aurait pas lieu, mais il le rend impossible parce qu'une fois le gilet endossé, l'authenticité de l'éloge ne peut être attestée *une bonne fois pour toutes* : elle est nécessairement contaminée par la duplicité. Quelles conséquences cette mise en crise de l'empathie du poète pourrait-elle avoir sur l'intention de rendre justice au travail symbolique de l'animal, sur le devoir de mémoire à l'égard du travailleur anonyme ? Et comment le poème en prose peut-il continuer à se distinguer de la chronique sociale, dans la mesure où il cède lui aussi à la marchandisation de l'écriture ?

Il faut tout d'abord préciser que cette contamination de l'éloge lyrique par la suggestion du jeu n'équivaut pas nécessairement à un retour aux conventions du comique significatif et de la dualité entre le sujet qui rit et sa cible ignorante. Si le poème « Les Bons Chiens » invite à concevoir le travail du poète dans les termes d'un travail de comédien, cela n'a pas pour effet d'accroître le sentiment de supériorité de l'artiste conscient de sa dualité sur la bête ignorante et docile.

À cet égard, un nouveau détour par le poème « Un plaisant » s'impose. Le vêtement joue également un rôle important dans ce poème, puisque c'est par le geste d'ôter son chapeau et de s'incliner cérémonieusement devant la bête que le « beau monsieur ganté » l'inclut ironiquement dans la célébration du nouvel an. Le cérémonial de politesse, comme nous l'avions noté plus haut, a de toute évidence pour objet de souligner sur un mode *significatif* l'infériorité de l'âne salué, ainsi que la facilité avec laquelle son image peut être manipulée pour le plaisir de tous. Mais le poème ne se contente pas de décrire cette mise en scène, il souligne aussi une ressemblance entre l'âne et le plaisant que ce dernier ne perçoit pas. Des termes similaires sont en effet employés pour évoquer le harnachement de l'âne, « harcelé par un malotru armé d'un fouet[40] », et la tenue du beau monsieur, « cruellement cravaté et emprisonné dans des habits tout neufs[41] ». L'assujettissement de l'âne à l'équipement du carrosse et à la cruauté du cocher fait ici étrangement écho à celui du dandy au *dictat* de la mode. Les deux personnages sont présentés comme des sujets passifs, également soumis aux contraintes que la fête du Nouvel An impose : courir dans la ville pour que les citadins arrivent à l'heure ou se donner en représentation, faire étalage du neuf dont on dispose au prix d'y emprisonner son propre corps. Aussi le sentiment de supériorité dont le plaisant voudrait faire jouir ses auditeurs apparaît-il bien factice. Les deux personnages se révèlent en fait assujettis à la même mécanique temporelle. Si l'âne traverse aveuglément la ville pour « courir avec zèle où l'[appelle] son devoir[42] », ou tourne mécaniquement l'angle d'un trottoir à la manière d'une aiguille d'horloge, la comédie apparemment spontanée du plaisant lui est également dictée par les contraintes vestimentaires du *tout neuf* qu'il observe tout aussi aveuglément. En traitant l'animal comme son contemporain, il croit signifier son infériorité évidente, mais il n'est pas conscient des divisions qui affectent sa propre personne, et qui l'apparentent en tant qu'être aliéné à la bête de somme.

Or, dans « Les Bons Chiens », le regard fraternel du poète sur le chien des rues est précisément motivé par leur assujettissement commun à la contrainte. Si l'idéal de chanter pour les chiens, à leur place, est contaminé par la duplicité, une autre forme de solidarité s'esquisse entre poète et chien des rues que celle qui leur faisait partager l'usage d'une langue symbolique, ou la capacité de révéler l'identique dans le divers. Cette nouvelle forme de solidarité ironique entre le poète et le chien est particulièrement à l'œuvre dans le dernier tableau de chiens du poème – celui qui s'inspire explicitement d'une toile de Stevens *L'Intérieur du Saltimbanque*. Au terme de la série de besognes quotidiennes auxquelles

40 Ch. Baudelaire, *Œuvres complètes*, éd. citée, t. 1, p. 279.
41 *Ibid.*
42 *Ibid.*

se livrent les chiens des rues, le poète détaille une scène insolite – sans préciser qu'il s'agit du fragment d'un tableau de Joseph Stevens – où les chiens d'un saltimbanque sont représentés dans la chambre de leur maître, en son absence, autour d'une marmite de soupe, et coiffés de ses vêtements :

> Mais regardez, je vous prie, ces deux personnages intelligents, habillés de vêtements à la fois éraillés et somptueux, coiffés comme des troubadours ou des militaires, qui surveillent, avec une attention de sorciers, *l'œuvre sans nom* qui mitonne sur le poêle allumé, et au centre de laquelle une longue cuiller se dresse, plantée comme un de ces mâts aériens qui annoncent que la maçonnerie est achevée[43].

Une analogie évidente entre les chiens et le poète est ici à nouveau suggérée, cette fois par le port du vêtement d'un autre. « Coiffés comme des troubadours ou des militaires », les chiens sont situés à l'égard du saltimbanque comme le poète à l'égard du peintre et dédicataire du poème, Joseph Stevens. Dans les deux cas, le port de l'habit s'accompagne d'une contrainte ou d'une tâche à remplir : surveiller le repas du saltimbanque pour les chiens du tableau et veiller sur la pérennité de l'œuvre du peintre animalier pour le poète. Dans le commentaire du même tableau de *Pauvre Belgique !*, Baudelaire attribue d'ailleurs explicitement au bonnet la fonction de tenir l'animal à distance du repas :

> Le saltimbanque est sorti et a coiffé un de ces chiens d'un bonnet de houzard pour le contraindre à rester immobile devant le miroton qui chauffe sur le poêle[44].

C'est – ironiquement – à une posture similaire que se voit contraint le poète, lorsque le peintre l'installe en face de son modèle, les bons chiens, avec pour honnête tâche de les chanter. Le tableau pourrait être ainsi lu comme une allégorie de la poésie en tant qu'imitation d'imitation. Le poète est affublé de la tâche de traduire avec des mots une peinture animalière, de même que les animaux représentés dans le tableau surveillent un repas qu'ils voudraient consommer.

Mais il s'agit précisément de souligner la manière dont cette scène allégorique (les chiens devant la soupe) se transforme, depuis le fragment

43 *Ibid.*, p. 362.
44 Ch. Baudelaire, *Œuvres complètes*, éd. citée, t. 2, p. 964.

de *Pauvre Belgique !* jusqu'au poème « Les Bons Chiens ». Alors que le commentaire du tableau de *Pauvre Belgique !* rappelle l'anecdote qui explique la présence de la coiffe sur la tête des chiens – la diégèse du tableau – le poème s'évertue au contraire à la faire oublier. La poétique du passage ne consiste pas à ajouter au bas du tableau une légende explicative qui, en insistant sur le rôle subalterne des chiens, nous ferait réfléchir à la condition misérable du poète dans la cité mercantile, sur le mode d'un dessin de presse *à la Daumier.*

La première partie de la description semble certes poser le décor d'un tableau misérabiliste où tous les objets trahissent emphatiquement la misère morale et artistique du saltimbanque :

> Un lit, en bois peint, sans rideaux, des couvertures traînantes et souillées de punaises, deux chaises de paille, un poêle de fonte, un ou deux instruments de musique détraqués. Oh ! le triste mobilier[45] !

C'est ici la nécessité et non l'art qui assemble les éléments hétéroclites de la chambre du saltimbanque, comme dans le poème « Le Vieux saltimbanque » à l'occasion de la description du costume : « Ici la misère absolue, la misère affublée, pour comble d'horreur, de haillons comiques, où la nécessité, bien plus que l'art, avait introduit le contraste[46]. » Cependant, comme Virginia Swain le souligne dans son remarquable commentaire, les haillons comiques ne font pas qu'accentuer l'impression de misère, ils servent aussi à figurer « la juxtaposition nécessaire et contrastée de métaphores et de signes vacants qui structure le poème[47] ». Le déterminisme de la misère fait ainsi écho allégoriquement au déterminisme de la force rhétorique qui gouverne la production de son propre texte, où

45 Ch. Baudelaire, *Œuvres complètes*, éd. citée, t. 1, p. 362. – À cet égard, il pourrait bien s'agir de la chambre du « Vieux Saltimbanque ». C'est dans les mêmes termes que le costume du Vieux Saltimbanque est décrit : « Ici la misère absolue, la misère affublée, pour comble de l'horreur, de haillons comiques, où la nécessité bien plus que l'art, avait introduit le contraste. » (*Ibid.*, p. 296.) C'est un signe vide qui représente à la fois l'évacuation et la restauration du sens. Le narrateur estime inutile de s'adresser au saltimbanque pour lui demander ce qu'il y a dans sa chambre, parce que le spectacle semble déjà présent sur son corps. La scène du tableau de Stevens pourrait alors combler le désir de voir un spectacle dont le saltimbanque absent – l'homme de lettres – ne peut pas être responsable, un spectacle dont l'animation a été déléguée aux chiens.

46 Ch. Baudelaire, *Œuvres complètes*, éd. citée, t. 1, p. 296.

47 Virginia Swain, *Grotesque Figures*, Baltimore and London, The Johns Hopkins University Press, 2004, p. 178. C'est moi qui traduis.

les chocs de termes opposés prolifèrent. De même, dans le passage des « Bons Chiens », les signes relatifs aux chiens sur lesquels le narrateur-*cicerone* attire notre attention font précisément intervenir un excès par rapport au tableau misérabiliste du pauvre saltimbanque, et au sens que chaque objet prend en fonction de sa figure absente. Ainsi, le délabrement matériel des habits « éraillés » des chiens, comme le gilet du peintre, laissent encore deviner le luxe « somptueux » d'une vie antérieure. Enfin, plutôt que de signifier la distance hiérarchique qui sépare les animaux du saltimbanque, les bonnets de troubadour et de militaire ont ici l'effet inverse d'effacer cette distinction, puisqu'ils donnent ironiquement aux deux chiens affamés l'air de jouer un rôle, de faire des tours, soit de prendre la place de leur maître. Ils sont en effet présentés comme « des personnages intelligents », qui surveillent la marmite « avec une attention de sorciers[48] », et c'est en tant que « zélés comédiens[49] » que le narrateur s'apitoie sur leur sort. L'idée de récompenser les chiens s'impose comme rémunération d'un numéro. Il s'agit de rendre justice au travail de l'artiste de rue, et de lui faire partager son repas, comme dans l'extrait de Sterne cité au début du poème.

Une autre scène se substitue à la précédente, où le signe vestimentaire fait intervenir une forme de mobilité dans la répartition des identités, des tâches et des récompenses : la chambre se transforme en spectacle de rue, les parasites en comédiens. Chanter les bons chiens de Stevens ne revient alors ni à s'apitoyer sur des êtres malheureux, ni à leur prêter des intentions sublimes (celles de mémoire vivante) mais plus ironiquement à célébrer l'écart qui s'immisce sur un fragment de tableau entre l'usage intentionnel d'un vêtement dans son contexte empirique et l'effet inattendu qu'il produit sur la toile. C'est de cette manière d'ailleurs que Baudelaire caractérise le comique absolu dans son essai sur le rire, lorsqu'il donne en exemple un spectacle de pantomime :

> Une des choses les plus remarquables comme comique absolu, et, pour ainsi dire, comme métaphysique du comique absolu, était certainement le début de cette belle pièce, un prologue plein d'une haute esthétique. Les principaux personnages de la pièce, Pierrot, Cassandre, Harlequin, Colombine, Léandre, sont devant le public, bien doux et bien tranquilles. Ils sont à peu près raisonnables et ne diffèrent pas beaucoup des braves gens qui sont dans la salle.

48 Ch. Baudelaire, *Œuvres complètes*, éd. citée, t. 1, p. 362.
49 *Ibid.*

> Le souffle merveilleux qui va les faire se mouvoir extraordinairement n'a pas encore soufflé sur leurs cervelles. [...] Une fée s'intéresse à Harlequin [...]. Elle lui promet sa protection, et, pour lui en donner une preuve immédiate, elle promène avec un geste mystérieux et plein d'autorité sa baguette dans les airs.
>
> Aussitôt le vertige est entré, le vertige circule dans l'air ; on respire le vertige ; c'est le vertige qui remplit les poumons et renouvelle le sang dans le ventricule. Qu'est-ce que ce vertige ? C'est le comique absolu ; il s'est emparé de chaque être. Léandre, Pierrot, Cassandre, font des gestes extraordinaires, qui démontrent clairement qu'ils se sentent introduits de force dans une existence nouvelle[50].

On pourrait dire qu'au coup de baguette de la fée dans cette pantomime correspond de près, dans le tableau lu par Baudelaire, le geste qui consiste à rendre indécise l'interprétation de la coiffe des chiens. Le comique, dans les deux cas, naît d'une mise en scène qui produit un dédoublement des personnages et les introduit « de force » dans une autre dimension, « une existence nouvelle », sans qu'aucun d'eux, pas même l'agent du changement, ne maîtrise les effets de ce dédoublement. Comme Ellen Burt le remarque dans *Regard for the Other*, lorsqu'elle compare l'ironie du dandy avec l'ironie absolue du poème : « Le Dandy correspond à l'homme supérieur qui rit de la chute de l'autre dans "De l'essence du rire", tandis que dans l'œuvre d'art, un rire satanique, impossible à localiser, que Baudelaire nomme "absolu", se débride pour déstabiliser la maîtrise supérieure du sujet[51]. » S'il y a spectacle de rue et comédiens, dans le tableau lu par Baudelaire, c'est en l'absence d'un saltimbanque susceptible d'orienter le comique de la scène pour le rendre significatif. Le narrateur du tableau s'ingénie plutôt à affecter les signes d'une mobilité déstabilisante. Contrairement à la mise en scène du beau monsieur dans « Un plaisant », l'ignorance des bêtes ne s'oppose pas au savoir des spectateurs, mais s'impose plutôt comme la condition qui affecte toutes les subjectivités impliquées dans le spectacle[52].

Sommes-nous bien sûrs, d'ailleurs, de savoir à quelle sorte de scène nous assistons dans ce passage ? S'agit-il de la description d'une scène

---

50 Ch. Baudelaire, *Œuvres complètes*, éd. citée, t. 2, p. 540.

51 Ellen S. Burt, *Regard for the Other*, New York, Fordham University Press, 2009, p. 96. C'est moi qui traduis.

52 Il y a dans ce sens une différence entre le comique significatif d'« Un plaisant » et celui du tableau. Le dandy qui souhaite la bonne année à un âne présuppose entre son acte de comédien et l'auditoire une concordance de vues, due à un savoir partagé, « notre supériorité », à la différence de l'âne martyrisé. Au contraire, le chapeau des chiens a pour effet de troubler les certitudes du spectateur/lecteur. On ne sait plus à quoi on assiste.

quotidienne comme semble le suggérer la rhétorique du narrateur (« Permettez-moi de vous introduire dans la chambre du saltimbanque absent[53]. ») ou celle d'une peinture de Stevens comme l'indiquent tous les détails du décor ? Est-ce que nous sommes conviés à récompenser le travail de chiens saltimbanques ou le « travail » des signes qui les représentent dans le tableau, soit l'art du peintre ? L'ironie du passage consiste précisément à nous exposer à des signes dont le sens demeure indécidable, oscillant constamment entre deux niveaux de lecture incompatibles l'un avec l'autre. Comment comprendre d'ailleurs le caractère « encore plus civilisé » de ces chiens de saltimbanques ? Sont-ils plus civilisés parce qu'ils se tiennent à distance du repas qui mitonne, ou parce qu'ils font un numéro à la place du saltimbanque absent ? Les chiens qui ont faim se révèlent être les acteurs d'un numéro que nous, lecteurs, sommes censés récompenser (« N'est-il pas juste que de si zélés comédiens ne se mettent pas en route sans avoir lesté leur estomac d'une soupe puissante et solide[54] ? »). Mais de quel travail au juste ces chiens-sorciers sont-ils alors les agents ? À quel déplacement avons-nous affaire lorsque les chiens sont évoqués comme les sorciers d'une *œuvre sans nom* plutôt que comme les consommateurs d'une soupe ? Plusieurs critiques ont déjà spéculé sur l'œuvre spécifique à laquelle l'expression « œuvre sans nom » pourrait se référer au-delà de sa référence à une marmite de soupe (le recueil du *Spleen de Paris* (Scott) ou le poison concocté par les sorcières de Macbeth (Thélot[55])). Or, étant donné les termes dans lesquels l'allégorie se présente, il me semble plus indiqué d'interpréter *l'œuvre sans nom* comme la manière dont Baudelaire nomme le poème, le langage poétique en tant que tel :

> [...] *l'œuvre sans nom* qui mitonne sur le poêle allumé, et au centre de laquelle une longue cuiller se dresse, plantée comme un de ces mâts aériens qui annoncent que la maçonnerie est achevée[56].

Les deux propositions relatives donnent en effet lieu à une juxtaposition insolite qui s'applique également au poème : l'œuvre sans nom

53 Ch. Baudelaire, *Œuvres complètes*, éd. citée, t. 1, p. 362.
54 *Ibid.*
55 Voir Maria Scott, « Baudelaire's Canine Allegory : "Le Chien et le Flacon" and "Les Bons Chiens" », *Nineteenth-Century French Studies*, vol. 33, 2004-2005, p. 117-129 ; et Jérôme Thélot, *Baudelaire, violence et poésie*, Paris, Gallimard, 1993.
56 Ch. Baudelaire, *Œuvres complètes*, éd. citée, t. 1, p. 362.

est simultanément décrite comme achevée et en train de se faire. Alors qu'un des instruments de l'œuvre – la cuiller – signale son achèvement de la même manière qu'on signale l'achèvement d'un bâtiment solide, d'une totalité architecturale qui peut désormais être embrassée du regard comme un tout esthétique, le verbe « mitonner » et l'attitude concentrée des deux « sorciers » suggèrent que nous avons affaire à une œuvre en cours de gestation, et dont les transformations occultes échappent au regard du spectateur. L'expression *œuvre sans nom* abonde également dans ce sens : elle indique d'une part l'impossibilité d'assigner un seul nom d'auteur à l'œuvre, comme le poème en question qui se tisse à partir d'une multitude de voix (Sterne, Stevens, Roqueplan…). Mais surtout, elle qualifie le caractère ouvert, *à venir* de l'œuvre, comme si les éléments qui la composent ne pouvaient encore former un tout identifiable et nommable[57].

Les chiens allégorisent le langage poétique en tant que langage allégorique précisément, soit un langage qui en plus de dessiner une image concrète, laisse toujours ouverte la possibilité d'une autre lecture. Il s'agit d'un signifiant dont le signifié ne peut jamais être déterminé une fois pour toutes, parce qu'une fois son sens propre décrypté, d'autres actualisations possibles se manifestent. Si les chiens (et la pluralité du sujet importe) s'imposent comme les sorciers de la décoction, ce n'est bien sûr pas parce qu'ils en connaissent la recette. Le contenu de la marmite est toujours l'œuvre d'un autre, le saltimbanque qui s'est absenté ou le peintre Stevens qui a légué au poète la mission de « chanter les bons chiens ». Ils sont sorciers dans le sens où ils se portent garants, par leur étrangeté même aux signes qu'ils émettent ou tracent autour d'eux, de l'*à venir* de cette *œuvre sans nom*.

C'est d'ailleurs sous ce jour que les chiens des rues interviennent dans le reste du poème. Ce n'est pas seulement l'aptitude de flairer le même parmi le divers qui caractérise leur travail dans les rues de la ville, mais aussi leur étrangeté aux échanges symboliques dont ils sont pourtant les vecteurs matériels. Ainsi, lorsqu'ils viennent en troupes « de plus de cinq lieues » pour partager le repas « de certaines pucelles

57 C'est aussi sur ce mode que Paul Celan nous invite à penser la poésie dans son essai « Le Méridien » : « Cela, certes, n'a pas d'appellation prescrite une fois à jamais, mais je crois que c'est… la poésie. » (Paul Celan, *Strette*, trad. André du Bouchet, Paris, Mercure de France, 1971, p. 182).

sexagénaires, dont le cœur inoccupé s'est donné aux bêtes, parce que les hommes imbéciles n'en veulent plus[58] », ce n'est de toute évidence pas pour gagner leur cœur, mais pour manger. C'est la « nécessité, cette si bonne mère, cette vraie patronne des intelligences[59] ! » qui les motive. Cependant, aux yeux des sexagénaires en question, les bons chiens jouent leur rôle, ils leur permettent de faire œuvre de charité.

De même, Baudelaire attribue les « aboiements triomphants » des chiens attelés à des charrettes de commerçants à l'orgueil qu'ils éprouvent à « rivaliser avec les chevaux[60] ». Leurs motivations sont donc interprétées par le poète comme entièrement disjointes de celles des hommes qui les emploient. Les bêtes de somme rendent possible la circulation des denrées dans la ville sans pour autant participer volontairement à ces échanges. Ils participent en tiers, de manière oblique, à l'économie de la ville qui les sollicite comme moyens de transport. Bêtes de somme, « philosophes à quatre pattes » ou « esclaves complaisants », ce qu'ils allégorisent c'est précisément la matérialité prosaïque de la lettre ou de toute fonction linguistique performative qui, selon la formulation d'Andrej Warminski dans son introduction à *Aesthetic Ideology*, « se situe à la base des systèmes tropologiques comme leur condition matérielle de possibilité[61] ».

Or, écrire en faveur de ces agents muets de la cité suppose le renoncement à une certaine esthétique. La mémoire intériorisante, qui tresse des rapports d'analogie entre des éléments épars, se révèle en effet bien limitée lorsqu'il s'agit de rendre justice à des créatures dont le travail excède précisément la circulation des échanges symboliques. À cet égard, la différence entre les deux manières dont Baudelaire évoque successivement le don du gilet comme origine du poème me semble décisive. Dans le premier passage, c'est en tant qu'objet de contemplation que le gilet est désiré par le poète. La qualité de la couleur, « à la fois riche et fanée » évoque par analogie, sur le mode de la correspondance naturelle, le souvenir d'objets qui partagent la même combinaison de beauté et d'usure (les soleils d'automne, la beauté des femmes mûres, les étés de la Saint-Martin). Mais c'est à cette occasion aussi en tant que

58 Ch. Baudelaire, *Œuvres complètes*, éd. citée, t. 1, p. 361.
59 *Ibid.*
60 *Ibid.*, p. 362.
61 Andrzej Warminski, « Introduction : Allegories of Reference », dans *Aesthetic Ideology*, de Paul de Man, Minneapolis, University of Minnesota Press, 1996, p. 11. C'est moi qui traduis.

récompense au « poète qui a chanté les pauvres chiens » que le gilet est présenté, comme si l'exaltation esthétique suscitée par la couleur du gilet était vouée à mettre un terme au processus d'écriture, plutôt qu'à l'inspirer. Force est de constater que la facture du poème « Les Bons Chiens » tranche avec la veine lyrique des lignes consacrées au gilet, et c'est d'ailleurs sans équivoque qu'au début du poème, le narrateur écarte la tentation d'invoquer la peinture comme modèle de la composition du poème (« Ce n'est pas l'âme de ce peintre de la nature pompeuse que j'appellerai à mon aide. Non. »). Aussi est-ce dans une autre posture que le poète est décrit lorsqu'il s'agit d'évoquer le gilet comme inspiration du poème « Les Bons Chiens ». L'écriture poétique est alors liée à l'acte d'« endosser » l'habit, soit littéralement de le porter sur le dos et de se séparer du monde des correspondances visuelles issues de la couleur. Le mode de la réminiscence ou de la correspondance naturelle cède donc le pas à une poésie née de la contrainte et du contrat arbitraire (« il est *contraint* de penser aux bons chiens, aux chiens philosophes[62]... »). La mémoire des chiens de rues est l'effet d'un acte d'écriture plutôt que d'une expérience contemplative, et ce sont désormais des rapports de pure contiguïté métonymique qui motivent la mémoire : ce n'est pas en vertu de sa couleur que le gilet évoque les chiens des rues, mais parce qu'il appartient au peintre animalier Joseph Stevens et qu'il a fait l'objet d'une transaction. Le poète est ainsi mis au défi de « chanter » des créatures sémiotiquement pauvres, qui ne se prêtent pas naturellement au tissage de correspondances entre son, image et sens. Selon les termes de Walter Benjamin dans son essai « Sur quelques motifs baudelairiens », le don du gilet ouvre la voie à une poésie de l'expérience qui « se constitue moins de données isolées, rigoureusement fixées par la réminiscence [*erinnerung*] que de données accumulées, souvent inconscientes, qui se rassemblent dans la mémoire[63] [*gedächtnis*] ». Cette poétique, qui est celle du poème en prose, donne lieu à « la conjonction [...] entre des contenus du passé individuel et des contenus du passé collectif » et elle porte la marque des circonstances qui en occasionnent la production[64].

62 Ch. Baudelaire, *Œuvres complètes*, éd. citée, t. 1, p. 363.

63 Walter Benjamin, Œuvres, trad. Maurice de Gandillac, Rainer Rochlitz et Pierre Rusch, Paris, Gallimard, 2000, t. 3, p. 332. Pour une discussion de la mémoire collective chez Baudelaire et Benjamin, voir aussi Jennifer Bajorek, Counterfeit Capital : Poetic Labour and Revolutionary Irony, Stanford, Stanford University Press, 2009.

64 *Ibid.*, p. 335.

« Les Bons Chiens » engage alors ses lecteurs sur la trace d'une mémoire de l'autre en tant que reste, une mémoire collective toujours aléatoire, toujours à construire.

Il convient pourtant de souligner que Baudelaire rompt ainsi le pacte fraternel qu'il avait contracté avec les chiens au début du poème sur la base du symbole. L'acte d'« endosser le gilet » engage en effet le poète sur la voie d'un exercice de composition qui ne se limite plus au réseau d'analogies sensorielles constitué par l'expérience esthétique et la réminiscence individuelle. Or, c'est en tant qu'animal voué à la réminiscence, mémoire vivante de la cité, que le chien des rues se profilait dans la partie médiane du poème. Pour qu'il y ait chant « en faveur des bons chiens », il s'agit donc, paradoxalement, de défaire ce rapport d'identification. La mémoire de l'autre, lorsqu'elle se tisse allégoriquement, suppose que le poète laisse de côté l'intériorisation de l'expérience. Mais plutôt que de nous reconduire à l'ancienne hiérarchie du comique significatif, cette désidentification coïncide avec de nouvelles obligations envers l'animal, dont celle, précisément, de renoncer à la position souveraine de l'esthète soucieux de préserver l'harmonie d'un monde fait de correspondances analogiques. Les poèmes du *Spleen de Paris* sont au contraire informés par l'obligation du poète envers d'autres muets et sans nom, étrangers aux œuvres de la civilisation à laquelle ils participent, dont le chien des rues devient à la fin du recueil la figure emblématique.

En conclusion de ce chapitre, je voudrais situer brièvement ma lecture des « Bons chiens » par rapport à la manière dont Jacques Rancière articule le rapport entre politique et littérature depuis *La Mésentente.* Comme signalé à plusieurs reprises au cours de ce chapitre, le poème « Les Bons Chiens », et plus généralement la pensée de l'animal des rues dans *Le Spleen de Paris*, se prête particulièrement bien à la théorie de Rancière. D'une part, la tentative de Baudelaire de représenter les chiens des rues sur un mode discursif qui excède les conventions du comique significatif pourrait faire bonne figure parmi les nombreux exemples de subversion de « l'ordre de la représentation » commentés par Rancière dans *Politique de la littérature* ou *Le Fil perdu.* Si la littérature, pour Rancière, fait de la politique lorsqu'elle dissout l'agencement entre paroles et actions prescrit par la poétique aristotélicienne, alors ce poème dont l'inspiration provient d'une « muse familière, la citadine, la vivante[65] » opposée à la « muse académique[66] » et qui oscille constamment entre les registres du comique et du lyrique, fait de la politique avec des moyens littéraires.

Davantage, la conception rancièrienne de l'intervention politique comme revendication de l'incompté dans le calcul des parts (*cf. La Mésentente*) trouve de toute évidence un écho dans les efforts de Baudelaire pour rendre visible la participation des chiens de rues aux rituels citadins ainsi qu'aux œuvres de la civilisation. Le poème de Baudelaire ne tient à aucun moment pour acquise la distinction entre animal politique et animal a-politique fondée sur la possession du *logos* : l'animal prend part au repas symbolique des hommes de lettres, il contribue à *l'œuvre sans nom* même (ou surtout ?) s'il n'est pas conscient des virtualités de sens qu'il rend possibles. Aussi omniprésent qu'insaisissable, il partage d'ailleurs certaines caractéristiques avec la fameuse « parole muette » de Rancière, cette écriture à la fois muette et bavarde qui circule dans la cité en s'adressant indifféremment au premier venu.

À cet égard, cependant, en bon philosophe de l'esthétique, Rancière sous-estime dans ses remarques sur Baudelaire la dimension rhétorique du langage poétique, et en particulier le rôle de l'allégorie. Dans son essai sur Baudelaire, « Le goût infini de la République », au moment où il cherche à distinguer son approche de celle de Walter Benjamin, Rancière réduit les effets de l'allégorie à ceux d'une « rage destructive[67] » qui interrompt le mouvement de l'histoire et marque tous les phénomènes du sceau de la mort. Cette « destruction de l'expérience » opérée par l'allégorie ne rend pas compte pour Rancière de la modification du paradigme aristotélicien en régime esthétique qui a lieu chez Baudelaire, comme chez Flaubert ou Mallarmé. Ce faisant, Rancière se conforme à la célèbre dévalorisation de l'allégorie – signe pauvre et conventionnel – au profit des pouvoirs suggestifs du symbole théorisés par les romantiques allemands, Goethe et Schiller en particulier.

Or, ce que j'ai voulu montrer dans cette lecture des « Bons chiens », c'est que si l'allégorie interrompt la chaîne de substitutions analogiques qui caractérise l'esthétique symboliste, cette interruption permet en premier lieu de garantir l'ouverture du texte poétique à un *à venir* de la

65 Ch. Baudelaire, *Œuvres complètes*, éd. citée, t. 1, p. 360.
66 *Ibid.*
67 J. Rancière, *Le Fil perdu*, *op. cit.*, p. 96-97.

lecture, plutôt que de marquer l'œuvre de l'estampille du conventionnel ou du *même*. Parce qu'elle est un signe pauvre, conventionnel, peu suggestif de la réalité qu'elle représente, l'allégorie se détourne toujours du sens qu'elle est censée communiquer. Pour Paul de Man, elle se détourne en fait de la notion même du langage compris à partir de paradigmes représentatifs. Ce n'est pas un hasard si Baudelaire la sollicite quand il s'agit de mettre en scène l'intervention de l'animal dans les rues de la cité, dans le poème en prose « Les Bons Chiens » comme dans le poème en vers « Le Cygne ». L'animal des rues partage en effet avec l'allégorie le caractère indécidable d'une trace. À la fois disponible à toutes sortes d'appropriations et infiniment énigmatique, image et mode d'inscription hiéroglyphique, il se prête à des systèmes d'interprétations multiples qu'il ne maîtrise pas lui-même, et inquiète toujours, ce faisant, la souveraineté de l'interprète.

POÉTIQUE DU TYPE DANS « UN SPECTACLE INTERROMPU » DE MALLARMÉ

La griffe de l'ours[1]

Parmi les quelques poèmes de Mallarmé qui mettent en scène des animaux (« Le vierge, le vivace et le bel aujourd'hui… », « L'Après-midi d'un faune »), « Un spectacle interrompu » s'impose comme celui qui interroge de la manière la plus persistante l'opposition entre Homme et Animal. Paru en 1875 dans *La République des Lettres* avant d'être inclus vingt ans plus tard dans le recueil *Divagations*, ce poème se présente en effet comme la lecture critique d'un spectacle populaire, *La Bête et le Génie*, où un clown et un ours jouent sur scène des rôles opposés. Au début du poème, le spectacle de ce duo n'inspire au poète qu'un intérêt mesuré. Il le décrit en ces termes :

> Que se passait-il devant moi ? rien, sauf que : de pâleurs évasives de mousseline se réfugiant sur vingt piédestaux en architecture de Bagdad, sortaient un sourire et des bras ouverts à la lourdeur triste de l'ours : tandis que le héros, de ces sylphides évocateur et leur gardien, un clown, dans sa haute nudité d'argent, raillait l'animal par notre supériorité[2].

Entourés de sylphides, les deux personnages principaux de la pantomime représentent ainsi, chacun, un membre archétypal de leur espèce respective. Leur réunion sur scène fait saillir la différence hiérarchique qui les distingue. Alors que l'ours, isolé parmi les artifices de scène, est caractérisé par sa « lourdeur triste », le clown apparaît sous le jour de l'autonomie souveraine : il est gardien des sylphides qui l'entourent,

---

1 Ce chapitre est la réécriture d'un article paru sous le titre « Poétique du type dans "Un Spectacle interrompu" de Mallarmé : la griffe de l'ours », dans la revue *French Review*, vol. 84, n° 4, mars 2011, p. 692-703.

2 Stéphane Mallarmé, *Œuvres complètes*, éd. Bertrand Marchal, Paris, Gallimard, « Bibliothèque de La Pléiade », 2003, t. 2, p. 90.

son costume lui confère une « haute nudité », et il raille la bête exhibée « par notre supériorité », appelant ainsi le spectateur à se réjouir de ce qui l'en distingue.

Or, ce qui fait l'objet du poème, c'est précisément l'interruption de ce spectacle. La pantomime ne devient poétique, aux yeux de Mallarmé, que dès le moment où les deux pattes antérieures de l'ours se posent sur les épaules de l'acteur humain et interrogent ses pouvoirs. Quels sont les enjeux de cette interruption ? Pourquoi le geste de l'ours fait-il basculer le spectacle populaire du côté du poème ? Et comment l'opposition binaire Homme/Animal s'en trouve-t-elle affectée ?

Pour Jacques Rancière, « Un spectacle interrompu » annonce l'avènement d'un régime esthétique nouveau. Au chapitre V notamment du *Destin des images*, intitulé « S'il y a de l'irreprésentable », le philosophe présente ce poème en prose comme l'emblème d'une révocation d'un principe fondamental de la logique représentative, « celui qui assigne à la représentation un espace spécifique[3] ». Autrement dit, selon Rancière, que Mallarmé s'intéresse à l'accident de la représentation comme au lieu même à partir duquel son poème se compose manifeste un tournant dans le partage du sensible commun. Que la patte de l'ours posée sur l'épaule de l'acteur puisse faire figure d'autre chose que d'un simple désagrément parasitaire du spectacle en question marque la crise d'un régime représentatif fondé sur le privilège de l'espace théâtral de visibilité. Le corps-à-corps entre l'ours et le clown n'emblématise rien moins, pour Rancière, que le rapport de la salle à la scène, où se dissipe, le temps d'une interruption, la séparation entre les faits de l'art et les faits ordinaires : « Désormais il y a partout du poème, dans l'attitude de l'ours comme dans le dépli d'un éventail ou le mouvement d'une chevelure[4]. » Rancière relève donc un déplacement, qu'il estime crucial, dans la délimitation d'un espace propre à la représentation et des frontières qui informent cet espace. Le poème de Mallarmé est présenté comme l'emblème de ce changement de régime esthétique.

Ce faisant, le philosophe laisse toutefois de côté la question de la frontière entre l'homme et l'animal. S'il est question, selon sa lecture, de l'indistinction entre les faits de la scène et du monde extérieur, le devenir du mythe de l'exception humaine dans le poème de Mallarmé

3 J. Rancière, *Le Destin des images*, *op. cit.*, p. 138.
4 *Ibid.*

passe au second plan. Certaines questions demeurent ainsi ouvertes. Précisément, quel rôle joue la remise en cause d'un espace propre à la représentation dans la déconstruction du propre de l'homme ? Quelles « conséquences graves pour l'honneur de la race[5] » (selon les termes de Mallarmé) ce poème sur scène contient-il en germe ? Est-ce que le poème, dès le moment où il instaure un régime « esthétique » de représentation, dissout pour autant l'opposition Animal/Humain ou est-ce qu'il la problématise ?

Il convient, par ailleurs, de considérer de plus près les termes dans lesquels Mallarmé présente les enjeux du poème. Rancière se concentre dans son commentaire sur l'interruption du spectacle, mais il ne convoque pas à notre attention le contexte discursif ou le « récit-cadre » dans le contexte duquel l'anecdote du spectacle interrompu intervient. Avant d'entamer le récit de l'incident, dans un paragraphe d'introduction qui pose pourtant très clairement les enjeux de l'anecdote, le pourquoi de son récit, Mallarmé nous entretient d'une scène singulièrement distincte, qui déborde celle du petit théâtre des Prodigalités. Le poème, une fois le titre annoncé, commence ainsi :

> Que la civilisation est loin de procurer les jouissances attribuables à cet état ! On doit par exemple s'étonner qu'une association entre les rêveurs, y séjournant, n'existe pas, dans toute grande ville, pour subvenir à un journal qui remarque les événements sous le jour propre au rêve[6].

C'est d'emblée de la trace laissée par l'événement de l'interruption plutôt que de l'événement lui-même qu'il est ici question. C'est du séjour des lecteurs de journaux et non de celui des spectateurs de féeries populaires que Mallarmé se préoccupe. C'est sur la page destinée à porter la marque de l'événement de l'interruption qu'il constate un manque préoccupant. Si la civilisation n'est pas prête à procurer « les jouissances attribuables à cet état », on aurait tort de s'en prendre au petit théâtre des Prodigalités et à sa scénographie désuète. Celle-ci, comme le montrera la suite du texte, est bien empruntée pour empêcher l'accident de se produire, et donc pour contenir ou effacer les traces menaçantes de l'interruption. Autrement répressif s'avère, selon les mots de cette entame, l'outillage de presse qui, au terme de l'accident, se chargera d'en communiquer

5 S. Mallarmé, *Œuvres complètes*, éd. citée, t. 2, p. 91.
6 *Ibid.*, p. 90.

bêtement l'information. Sous cet angle, on peut parler dans le texte de Mallarmé d'un partage du sensible, de l'imposition au commun d'une forme d'intelligibilité, invisible en tant que forme, de la fiction même de ce commun :

> Artifice que la *réalité*, bon à fixer l'intellect moyen entre les mirages d'un fait ; mais elle repose par cela même sur quelque universelle entente : voyons donc s'il n'est pas, dans l'idéal, un aspect nécessaire, évident, simple, qui serve de type. Je veux, en vue de moi seul, écrire comme elle frappa mon regard de poète, telle Anecdote, avant que la divulguent des *reporters* par la foule dressés à assigner à chaque chose son caractère commun[7].

Le procès que Mallarmé intente ici à la pratique du reportage concerne, en effet, la scène de représentation qui relaie celle du spectacle interrompu. Il s'agit, plus précisément, de dénoncer un mode d'écriture qui, au nom de la *réalité*, dissimule les procédés matériels nécessaires à son inscription. Mallarmé procède à un déplacement métonymique de ce que le reportage rapporte, le contenu de tout article, la *réalité*, au tracé d'une forme qui opère sur la lecture. Ce que l'on tient pour *réalité* se révèle en fait, aux yeux du poète, forme, « artifice ». Un artifice qui n'a d'autre utilité que de créer de la lecture factuelle par des moyens hallucinatoires, « les mirages d'un fait », et dont le succès repose sur l'assentiment tacite de toutes et tous, « quelque universelle entente ». Selon ce passage, la correspondance établie entre les signes du *reportage* et les choses relève d'un code transparent : on, c'est-à-dire tout lecteur, entend naturellement cette correspondance. Le caractère commun assigné à chaque chose – de nature pourtant graphique dans le cas d'un article de journal – n'est pas perçu comme une fiction, mais plutôt comme le signe d'un code dont l'intelligibilité repose sur une entente universelle, c'est-à-dire à la fois, selon les multiples suggestions du mot « entente », la perception par l'ouïe, la compréhension tacite et l'approbation.

Dans un texte qui porte sur le rapport de l'homme à l'animal, les suggestions du mot « entente » n'ont rien d'anodin. Le mode de communication que Mallarmé attribue ici au *reportage* s'apparente en effet à celui que la pensée moderne, de Descartes à Lacan, aura concédé aux animaux. Jacques Derrida, dans *L'Animal que donc je suis*, nous rappelle que si la parole, depuis Descartes, est traditionnellement réservée

7 *Ibid.*

à l'homme, c'est parce que son usage comprend davantage qu'un processus mécanique de réaction à des signes, ou des *stimuli*[8]. Les animaux sont, certes, passés maîtres dans ce mode de communication : ils savent percevoir, interpréter et réagir à des signes. Par contre ils ne savent pas, comme les humains, y répondre. Ainsi, lorsqu'il distingue le *reportage* d'une poétique du type, Mallarmé semble recourir à une opposition analogue : tandis que le *reportage*, s'appuyant sur les tropes hallucinatoires du fait et de la réalité, maintient son audience dans un jeu limité de reconnaissance de caractères communs, un journalisme à venir, *rêvant* l'actualité plutôt que la *reportant*, dégageant de tout événement perçu son *type*, plutôt que son caractère conventionnel, s'adresserait davantage à un lectorat civilisé.

Gardons-nous cependant de conclure trop vite à un élitisme anthropo-poético-centrique de la part du poète d'« Un spectacle interrompu », et de laisser se confirmer trop aisément la distinction entre parole brute et parole essentielle à laquelle la poétique mallarméenne est souvent identifiée. Car ce que la lettre du texte donne à lire diffère sensiblement de cette interprétation. Le *reportage* n'est pas, en fait, apparenté à un simple langage animal mais au langage d'un animal domestiqué. Le texte dit en effet : « [...] avant que la divulguent des *reporters* par la foule dressés à assigner à chaque chose son caractère commun[9] ». Loin d'attribuer à la presse l'héritage inconscient d'une naturalité d'expression issue du domaine animal, Mallarmé suggère en fait que le *reportage* relève d'un travail de domestication, de dressage. Or, l'animal dressé, contre toute attente, ce n'est pas le lecteur de journaux mais le *reporter* lui-même, tandis que la foule se voit, elle, attribuer le rôle du dompteur. C'est le journaliste qui se trouve figuré, non pas comme simple animal, mais comme animal dressé, comme animal humanisé. La pratique qui consiste à attribuer aux choses leur caractère commun relève, selon les termes du passage, d'un effort d'imitation, d'humanisation, puisque le dressage consiste toujours à acquérir, pour l'animal, des réflexes et des gestes qui l'apparentent à l'être humain. Le passage suggère donc implicitement la possibilité d'une écriture qui ne serait, elle, pas « dressée » par la foule à imprimer aux choses leur caractère commun. Et l'ours qui interrompt le spectacle, ou l'événement même de cette interruption, pourrait bien

8 J. Derrida, *L'Animal que donc je suis*, *op. cit.*, p. 114-115.
9 S. Mallarmé, *Œuvres complètes*, éd. citée, t. 2, p. 90.

allégoriser cette écriture, la poétique journalistique à laquelle nous introduit Mallarmé. Dans tous les cas, si le poème porte sur un litige entre poétique du type et *reportage*, cette opposition ne s'apparente pas à celle, classique, qui oppose les termes de nature et de civilisation. Il ne s'agit pas simplement, dans une veine néo-platonicienne, de dénoncer l'animalité de la culture de masse pour faire valoir une poétique plus humaine, élitiste, de l'essence ou de la réminiscence. Il est plutôt question de faire apparaître la culture de masse comme un processus d'anthropomorphisation du monde, humanisant, et la poésie comme un moyen de défaire les mécanismes de ce processus.

VERS UNE POÉTIQUE DU TYPE

Venons-en à la question du type, comme Mallarmé nous y invite, « [...] voyons donc s'il n'est pas, dans l'idéal, un aspect nécessaire, évident, simple, qui serve de type[10] ». La recherche d'un type pour raconter l'événement s'impose en effet dans ce texte comme une alternative à la narration du *reportage*. Il ne s'agit pas pour le poète de rapporter l'événement comme un simple fait, mais bien de faire apparaître la forme fondamentale, le type, qui marque tel événement de son empreinte. Jacques Rancière le remarque dans *Le Destin des images* :

> Tout poème est pour lui un tracé qui abstrait un schème fondamental des spectacles de la nature ou des accessoires de la vie, et les transforme ainsi en quelques formes essentielles. Ce ne sont plus des spectacles que l'on voit, ni des histoires qu'on raconte, mais des événements-monde, des schèmes de monde[11].

Pour Rancière, cette esthétique du type rapproche la démarche de Mallarmé de celle du designer Behrens notamment, qui au début du siècle, s'attache à dépouiller l'espace domestique de toute joliesse décorative, et à poser la forme typique comme principe de création. Ainsi, la poétique mallarméenne du type est caractérisée par sa nature graphique et sa fonction de réduire les phénomènes perçus à leur essence formelle.

10 *Ibid.*

11 J. Rancière, *Le Destin des images*, *op. cit.*, p. 108.

En cela, Rancière ne sollicite que l'usage le plus courant du mot « type », celui qui désigne un concept, selon *Le Petit Robert*, « exprimant l'essence d'un ensemble d'objets ou de personnes[12] ». La recherche du type semble, dans ce cas, devoir s'opposer au récit du fait, comme la recherche du général s'oppose à la perception d'un particulier.

Il existe cependant un autre sens au mot « type » que le passage d'« Un spectacle interrompu » semble bien solliciter. Le type, dans son acception technique, ne désigne pas la forme-même, l'essence commune, mais l'instrument qui sert à reproduire une forme. Selon *Le Petit Robert* : « *Techn.* Pièce portant une empreinte destinée à reproduire des empreintes semblables[13] ». Nous avons affaire à un léger déplacement par rapport au premier sens. Le type, selon cette autre acception, ne désigne pas exactement l'empreinte ou la forme qui subsume des phénomènes particuliers, mais plus précisément la pièce matérielle qui rend la répétition de telle empreinte possible, l'instrument qui, porteur d'une empreinte, donne lieu à son impression en série. On peut d'ores et déjà concevoir que la recherche d'« un aspect nécessaire, évident, simple, qui serve de type[14] » et surtout la poétique qui s'y rapporte, pourrait différer de façon tout à fait cruciale selon le sens que notre lecture du texte donne à ce mot. Une poétique du type consiste-t-elle en effet à rendre visible l'essence commune à un ensemble de phénomènes particuliers ou à faire entrer sur scène l'élément matériel, « nécessaire, évident, simple[15] », (peut-être si simple qu'il échappe à l'attention commune, si nécessaire qu'il sous-tend la vision même de ce commun) par lequel la production répétée de telle essence est rendue possible ? Dans un cas, le poème/article de journal serait écrit pour opposer au simple fait une forme. Dans l'autre, il s'agirait d'interroger les conditions de possibilité d'une telle forme. Or, interroger ces conditions, nous y venons, c'est précisément tout ce que fait l'ours savant, ou plutôt sa griffe, dans le poème de Mallarmé.

Plusieurs éléments du paragraphe d'introduction suggèrent déjà l'interprétation du mot « type » comme moyen d'impression, instrument qui sert à imprimer une empreinte. Dès le début, « Un spectacle interrompu » nous confronte tout d'abord au relais d'une sémiotique

12 *Le Petit Robert. Dictionnaire alphabétique et analogique de la langue française*, Paris, Dictionnaire Le Robert, 1973, p. 1854.

13 *Ibid.*

14 S. Mallarmé, *Œuvres complètes*, éd. citée, t. 2, p. 90.

15 *Ibid.*

auditive, de « l'entente », par une sémiotique visuelle, relais qui sera plus loin réaffirmé au moment de l'interruption : « Tout oreilles, il fallut être tout yeux[16]. » Le journal auquel aspire Mallarmé devrait ainsi remarquer les événements « *sous le jour* propre au rêve[17] ». Les verbes « voir » et « regarder » sont fréquemment répétés (« *voyons* donc s'il n'est pas dans l'idéal [...] Je veux, *en vue* de moi seul, écrire comme elle *frappa mon regard* de poète, telle Anecdote[18] [...] »). Davantage, comme le montre cette dernière expression, si le médium de l'événement est celui de la vue et non du son ou de la voix, Mallarmé recourt au lexique de la marque, de l'inscription graphique, discontinue, pour qualifier l'événement. L'anecdote a frappé son regard de poète, comme un type s'imprime sur une page. Plus loin, au moment du discours rêvé de l'ours, celui-ci invitera son maître à *authentiquer* le pacte de leur réconciliation, et le poème mettra cet événement en relation avec un motif dessiné par les astres : la Grande Ourse. De même, dès le début du texte, la communication du *reportage* est dépouillée de toute aura, de toute présence de l'écrivain à son audience. Le geste du *reporter* est réduit à la sélection mécanique d'un caractère pour chaque chose. Est-ce d'ailleurs un hasard si, comme l'indique le Littré, le nom d'« ours » est utilisé, au XIXe siècle, pour désigner les ouvriers qui travaillent à la presse, les pressiers[19] ? Les pressiers jouent en effet un rôle singulier dans le processus de diffusion de l'information. Avant que le processus d'impression ne soit totalement automatisé, ce sont ceux par qui l'intelligibilité du texte est rendue possible. Pourtant, leur travail demeure entièrement dissocié de toute responsabilité quant au sens du texte retranscrit. Les pressiers, contrairement au *reporter*, sont tenus entièrement à l'écart de la production du sens : leur fonction voudrait qu'ils ignorent le sens transmis, ils servent littéralement de type.

Sans insister sur cette acception familière du mot « ours », Mallarmé réserve à son personnage d'ours un rôle analogue dans le poème. L'ours exhibé sur scène occupe une place à la fois intérieure et extérieure à la représentation : il est le pilier du spectacle, ce sans quoi les pitreries du clown n'amuseraient personne, et pourtant son existence en tant que

16 *Ibid.*, p. 91.
17 *Ibid.*, p. 90. C'est moi qui souligne.
18 *Ibid.* C'est moi qui souligne.
19 Émile Littré, *Dictionnaire de la langue française*, Paris, Hachette, 1873-1874, version électronique créée par François Gannaz, http://www.littré.org, consulté le 5 mars 2015.

signe sur scène, avant l'interruption, est entièrement disjointe de la conscience qu'il a de cet espace. L'intimation que le poète prête à son geste interrupteur, à sa griffe, est ainsi le suivant : « Sois bon (c'était le sens), et plutôt que de manquer à la charité, explique-moi la vertu de cette atmosphère de splendeur, de poussière et de voix, où tu m'appris à me mouvoir[20]. » Ce passage souligne la discontinuité absolue entre le spectacle tel qu'il est perçu par les spectateurs, un ensemble qui signifie, et l'espace habité par son acteur principal, où les effets de scène sont perçus indépendamment de toute signification. L'ours dressé entretient un rapport purement externe au signe de la même manière que son homonyme, le pressier, à l'égard des articles de journaux publiés. Pour que la féerie populaire *La Bête et le Génie* ait lieu, pour que le spectacle puisse fonctionner, il faut avoir recours à un acteur-machine, exclu de la communication entre scène et salle, à la fois exhibé et tenu méthodiquement à l'écart, maintenu dans l'incapacité de répondre, dans l'obligation de réagir mécaniquement. C'est dans ce sens que l'interruption du spectacle constitue un événement politique qui mériterait la Une pour Mallarmé. Que l'ours dressé à réagir pose sa griffe sur l'épaule de l'acteur, du *génie*, que l'agent mécanisé du spectacle sorte soudainement de son assujettissement et interrompe la farce qui s'écrit sur son dos, et ce n'est rien moins que la définition de l'espace commun qui entre en jeu, c'est le fondement même d'un espace de représentation qui se met à trembler. Les termes du Rancière de *La Mésentente* me semblent à cet égard tout à fait pertinents :

> Toute subjectivation est une désidentification, l'arrachement à la naturalité d'une place, l'ouverture d'un espace de sujet où n'importe qui peut se compter parce qu'il est l'espace d'un compte des incomptés, d'une mise en rapport d'une part et d'une absence de part[21].

On peut, je pense, affirmer avec Rancière que « Un spectacle interrompu » est un poème politique, dans la mesure où il conteste la naturalité d'un espace de représentation qui pose pour son audience les conditions du visible et du dicible. L'interruption du spectacle donne lieu à l'ouverture d'un autre espace commun où ce qui devait nécessairement rester « incompté », « sans part », selon les termes de Rancière, entre en jeu,

20 *Ibid.*, p. 91.
21 J. Rancière, *La Mésentente*, *op. cit.*, p. 60.

se subjectivise. Il ne s'agit pas, dans l'espace ouvert par l'interruption, d'intégrer un élément étranger quelconque qui aurait été accidentellement laissé de côté par la représentation, mais bien de rendre visible, par une complication imprévue de la logique représentative, l'élément même que l'espace commun doit constituer comme invisible ou purement extérieur, étranger, pour se fonder en propre, et fomenter le mythe de son autonomie. Quel espace commun s'entrouvre alors, à la faveur de l'accident ? Quelles « conséquences graves pour l'honneur de la race » résultent d'une telle interruption ? C'est en effet la question que le poème de Mallarmé voudrait pouvoir adresser au lecteur de journaux, à condition que le dressage du journalisme s'interrompe à son tour.

Cette dernière condition, la lecture de Rancière ne semble pas vraiment la prendre en compte. Les enjeux d'une reconfiguration du sensible commun sont soulevés, dans le texte de Mallarmé, comme des enjeux d'écriture, qui concernent l'écriture et la lecture de la trace de l'événement, le « comment communiquer et comment lire la trace d'un tel événement » plutôt que l'événement de l'interruption lui-même. Celui-ci, après tout, n'est que de courte durée et de peu d'effets. Au grand regret du poète, au grand soulagement de l'assistance, des stratégies ont été prévues pour ramener l'ordre sur scène. Il suffit aux organisateurs de tendre à l'animal un morceau de viande fraîche pour que la hiérarchie naturelle entre espèces soit à nouveau observée.

Ce qui préoccupe le poète, en revanche, et surtout ce à quoi son texte essaie de répondre par des moyens poétiques, c'est l'intervention sur scène d'un signe illisible, un signe dont l'illisibilité perturbe le spectacle jusque dans ses fondements mêmes. D'une certaine manière, les actes de l'ours ne se distinguent pas fondamentalement de ceux du poète dans « Un spectacle interrompu » : ils introduisent une faille dans le programme d'écriture que sous-tendent à la fois le petit théâtre des Prodigalités et les relais d'information auxquels Mallarmé fait allusion au début du texte. Étant donné le partage naturel entre fait et représentation, entre réel et fiction, caractéristique du *reportage*, le coup de patte de l'animal dressé donne lieu à l'impression d'un signe indéchiffrable dans le contexte de la communication intersubjective entre acteur et assistance, *reporter* et lectorat, d'où son importance politique, d'où l'importance politique d'une lecture « poétique » de ce signe étranger : voilà tout ce que le texte de Mallarmé se propose de faire.

LE MYTHE DE L'EXCEPTION HUMAINE DÉTOURNÉ

Les conditions de lecture qui rendent l'intervention d'un tel signe illisible sont recensées dans la chronique de Mallarmé, lorsqu'il plante le décor du spectacle. L'animal sauvage est en effet réduit à une bête à quatre pattes, domestiquée et inférieure, alors que le clown esquisse le geste de saisir une idée au vol :

> Au geste du pantin, une paume crispée dans l'air ouvrant les cinq doigts, je compris qu'il avait, l'ingénieux ! capté les sympathies par la mine d'attraper au vol quelque chose, figure (et c'est tout) de la facilité dont est par chacun prise une idée : et qu'ému au léger vent, l'ours rythmiquement et doucement levé interrogeait cet exploit, une griffe posée sur les rubans de l'épaule humaine[22].

Comme les dernières lignes de ce passage le suggèrent, les coups de patte de l'ours – en fait, une embrassade – ont des effets dévastateurs sur la féerie populaire et surtout sur le mythe qui sous-tend toute la sémiotique du spectacle. L'idée flottante que le clown faisait mine de saisir au vol, « figure (et c'est tout) de la facilité dont est par chacun prise une idée », se dessine maintenant dans l'espace comme la partie culminante d'une machinerie, d'un truc, qui relie par un fil un morceau de papier au chapeau de l'acteur. Le geste de l'ours permet matériellement à l'instrument d'écriture, au type en tant que machine qui rend possible la marque d'une estampille commune, d'apparaître sur scène, et cause donc l'interruption menaçante de la communication, du rapport intersubjectif qui en dépend. Le personnage qui se présentait comme cause de l'idée se révèle dépendre d'un artifice[23].

Davantage, c'est la distinction même entre l'Homme et l'Animal qui se trouve brouillée dans cette interruption par le tiers exclu. Ayant adopté la station verticale et étreignant le buste du clown, l'ours dessine

22 Stéphane Mallarmé, *Œuvres complètes*, éd. citée, t. 2, p. 91.

23 Cette dramatisation du rôle de l'artifice est un motif récurrent chez Mallarmé. Dans « Le Pitre châtié » notamment, le clown évoque sa tentative de renaître par la nage « Autre que l'histrion » pour se voir enfin puni d'avoir sacrifié dans l'eau « tout [son] sacre », c'est-à-dire le fard qui recouvrait sa peau (S. Mallarmé, *Œuvres complètes*, éd. citée, t. 1, p. 31).

dès lors sur scène la figure d'« un homme inférieur, trapu, bon, debout sur l'écartement de deux jambes de poil », tandis que le clown se trouve subitement dénudé des artifices de scène qui le distinguaient de la triste bête. À la place de sa tête de génie, c'est une autre tête vide, machinale, qui apparaît au grand jour, « un chef affreux remuant par un fil visible dans l'horreur les dénégations véritables d'une mouche de papier et d'or[24] », alors que son visage n'affiche plus qu'une expression bestiale, « la bouche folle de vague[25] ».

Davantage qu'un simple jeu d'apparences, il s'agit là d'un renversement notable dans les rôles de la bête et du comédien. De bête dressée, on pourrait dire, l'ours devient une bête qui se dresse, et par la même occasion, se permet une « adresse » à l'assistance humaine, dont le poète-journaliste se charge de l'impression. Sur le pôle humain de la scène, par contre, le costume de lumière porté par le clown, signature de son génie, s'efface pour laisser voir la trace de l'appareil mécanique maintenu dans l'ombre : c'est désormais l'être humain qui se trouve nu, muet, et sans réponse à l'apostrophe de son acolyte.

Dans *L'Animal que donc je suis*, au chapitre « Et si l'animal répondait ? », Jacques Derrida associe l'une à l'autre ces deux propriétés fondamentales que la philosophie moderne, de Descartes à Lacan, réserve à l'être humain : celle de pouvoir répondre, et celle de pouvoir effacer ses propres traces. C'est en effet d'un même geste que ces deux propriétés sont refusées à l'animal-machine. L'animal peut réagir mécaniquement à des signes ou des *stimuli*, mais ceci, chez Lacan, n'en fait pas pour autant un sujet du signifiant, capable d'articuler des réponses en dépit de l'arbitraire du système. De même, l'animal est susceptible de tracer des fictions (leurres, parades sexuelles etc.) mais il ne lui est pas donné la capacité d'effacer ses propres traces, contrairement à l'être humain qui peut non seulement tracer et feindre, mais aussi effacer les traces de ses propres fictions. Or Derrida, dans ce chapitre, interroge l'exclusivité de ces deux propriétés : l'homme est-il si souverain lorsqu'il s'agit d'effacer ses propres traces ?

> Tout homme peut certes avoir *conscience*, dans un espace de phénoménalité doxique, d'effacer ses traces. Mais qui jugera jamais de l'effectivité de ce

24 S. Mallarmé, *Œuvres complètes*, éd. citée, t. 2, p. 91.
25 *Ibid.*

> geste ? Est-il besoin de rappeler que toute trace effacée, en conscience, peut laisser une trace de son effacement dont le symptôme (individuel ou social, historique, politique, etc.) pourra toujours assurer le retour[26] ?

Effacer, donc, ses traces dans un espace donné et soigneusement circonscrit, soit, cela nous est possible, mais cela ne garantit pas, comme dans « Un spectacle interrompu », l'effacement de la trace de l'effacement. Les traces *(s')* effacent, mais le pouvoir transitif de *les* effacer ne revient à personne en propre, et il devient ainsi problématique, pour tout discours philosophique sur l'animal, de distinguer ce dernier par le manque d'une capacité dont nous ne sommes pas vraiment sûrs de disposer en maître. De même pour la distinction entre réponse et réaction : qu'est-ce qui distingue nettement un geste de l'autre ? s'interroge Derrida :

> Ma réserve porte seulement sur la pureté, la rigueur, et l'indivisibilité de la frontière qui sépare, déjà chez « nous-les-hommes », la réaction de la réponse ; et par conséquent la pureté, la rigueur, l'indivisibilité surtout du concept de responsabilité qui s'y tient[27].

Dans le cas d'« Un spectacle interrompu », la féerie populaire semble ainsi adresser, sous la forme d'une image mythique, une réponse en grosses lettres à la question de la distinction Homme/Animal. Mais cette réponse se révèle bien sûr, à la faveur d'un incident, entièrement dépendante de la mécanicité d'une mise en scène. Le réactif, à la lumière de l'interruption, ne peut plus être clairement dissocié du responsable. L'ours, d'un simple coup de griffe, défigure et donc efface la marque symbolique de notre distinction, tandis que la trace de l'effacement d'une trace se dessine clairement sur la rampe.

26 J. Derrida, *L'Animal que donc je suis*, *op. cit.*, p. 186.
27 *Ibid.*, p. 172.

ÉCRITURE CHORÉGRAPHIQUE

C'est à la suite de cet événement, du désaveu de « notre réponse », que le poète se décide à faire parler fictivement l'animal, soit à un moment du texte où l'animal s'est déjà arraché à la place naturelle qui lui prescrivait son silence :

> Spectacle clair, plus que les tréteaux vaste, avec ce don, propre à l'art, de durer longtemps : pour le parfaire je laissai, sans que s'offusquât l'attitude probablement fatale prise par le mime dépositaire de notre orgueil, jaillir tacitement le discours interdit au rejeton des sites arctiques[28].

Le choix du narrateur de faire parler l'animal a de quoi étonner dans un premier temps. Alors qu'il se fait plus haut le critique attentif des procédés anthropomorphiques du spectacle populaire, le poète entreprend de traduire en langue articulée le discours même que l'ours n'a pas pu prononcer, qui n'a eu lieu que sous la forme d'une trace, d'un événement matériel écrit sur la scène. Il suffit, selon ses propres mots, de laisser « jaillir tacitement » le discours de l'ours, comme si le sens de cet événement était évident au point de ne nécessiter qu'un locuteur pour être énoncé, quelqu'un qui parle « pour » l'ours. Or, en quoi cette pratique d'écriture, cet exercice d'enregistrement de la parole de l'autre, se distingue-t-elle du *reportage*, que Mallarmé apparente à un genre d'écriture « domestiqué » ? Le poète ne s'expose-t-il pas au redoublement du geste qu'il critique, n'investit-il pas lui aussi la scène d'anthopomorphismes qui lui permettent de *faire parler* l'animal ?

Ce serait sans doute le cas si les guillemets qui encadrent le discours de l'ours soumettaient à notre lecture une représentation des intentions projetées par le poète sur l'animal. Si, en faisant parler l'animal, Mallarmé substituait simplement un signifié au signe muet intervenu plus tôt, assignant à la chose « son caractère commun », alors oui, son geste ne se distinguerait que très peu de celui du *reporter*. Mallarmé ne ferait qu'opposer une interprétation idéaliste de l'événement à la version des faits divers. Il attribuerait à l'ours le désir, si humain, de demander à son acolyte l'explication du sens caché du spectacle auquel il participe. Le signe muet

28 S. Mallarmé, *Œuvres complètes*, éd. citée, t. 2, p. 91.

de sa griffe posée sur l'épaule du clown trouverait son sens dans la requête de sens de l'animal. Le poète agirait en interprète des intentions réelles de l'ours et sa prise en charge de l'événement ne différerait pas radicalement de celle des organisateurs du spectacle, qui mettront un terme au réveil menaçant de l'animal en lui offrant un morceau de viande.

Il s'agit toutefois de mesurer ce qu'une telle hypothèse de lecture implique. Si on réduit le geste de l'ours à un signe opaque en attente de son interprétation, c'est toute la dimension performative du signe en question qui est omise. On ne lit plus le signe comme un acte. Or le texte, à y regarder de plus près, ne nous laisse pas si facilement substituer cette dimension par une relation de signe à sens. Le rapport du discours au geste-événement se révèle en fait bien plus complexe. En effet, il se trouve qu'à la requête de sens que Mallarmé attribue à l'ours, son propre coup de griffe a déjà donné une cinglante réponse. Le récit imaginé par Mallarmé nous confronte à la scène suivante : l'ours demande au clown de lui expliquer le secret de son génie, mais le geste censé communiquer cette demande a, au contraire, pour effet de désavouer le génie, ou tout au moins de dévoiler la totalité de l'appareil dont dépend la fiction de ce génie, donc de communiquer son secret. L'ours communique à l'assistance médusée le secret du génie, alors même que son geste n'avait pour objet que d'interroger ce dernier. Une réponse est adressée à l'assistance au moment même où le maître de cérémonie est interrogé par son subalterne. Le double sens du verbe « interroger » se révèle à cet égard crucial : « l'ours rythmiquement et doucement levé, *interrogeait* cet exploit, une griffe posée sur l'épaule humaine[29]. » L'ours interroge – interprétation subjective du poète – dans le sens où il demande comment tel exploit est possible, mais il interroge aussi dans le sens où il met en doute, aux yeux de tous, par l'intervention de sa patte, la possibilité de tel exploit (en l'occurrence, la saisie naturelle d'une idée). Si une trace imprévisible intervient sur la scène, c'est que, à la faveur d'un accident, les éléments accessoires maintenus hors de toute visibilité, les éléments qui informent en silence ou dans l'ombre cette visibilité même, gagnent l'avant-scène.

De même que dans d'autres textes de Mallarmé, l'écriture chorégraphique est le fait d'une ballerine « illettrée », de même l'élévation rythmique de l'ours a pour effet d'intervenir sur le texte qui s'écrit à son

29 *Ibid.* C'est moi qui souligne.

insu. Ce qui frappe le regard du poète, c'est l'émergence d'une autre scène qui s'apparente de près à la scène de danse, présentée dans « Ballets » comme un lieu où l'imagination s'exerce à une pratique singulière :

> L'unique entraînement imaginatif consiste, aux heures ordinaires de fréquentation dans les lieux de Danse sans visée quelconque préalable, patiemment et passivement à se demander devant tout pas, chaque attitude si étranges, ces pointes et taquetés, allongés ou ballons. « Que peut signifier ceci » ou mieux, d'inspiration, le lire. À coup sûr on opérera en pleine rêverie, mais adéquate : vaporeuse, nette et ample, ou restreinte, telle seulement que l'enferme en ses circuits ou la transporte par une fugue la ballerine illettrée se livrant aux jeux de sa profession[30].

Dans le passage cité ci-dessus, la danseuse, comme l'ours d'« Un spectacle interrompu », n'accomplit qu'une partie du travail de symbolisation, elle trace des motifs sur le support matériel de la scène : des motifs, « pointes et taquetés, allongés ou ballons », qui appartiennent « aux jeux de sa profession » comme les caractères typographiques appartiennent au jeu de quiconque écrit un texte, (et ce parallèle est suggéré par le langage du passage : « la ballerine illettrée *se livrant* aux jeux de sa profession[31] » (je souligne)). La part figurale de la lecture (rhétorique et syntaxe) relève par contre entièrement de la responsabilité de spectateurs particuliers. Notre passage l'indique précisément : la question qui incombe au spectateur, c'est « Que *peut* signifier ceci ? » (je souligne) et non « Que signifie ceci ? », et bien que la lecture soit strictement rythmée ou ponctuée par les pas de la danseuse, « adéquate » dans ce sens, elle n'est en aucun cas motivée par la raison ou guidée par une méthode de décryptage à laquelle le poète pourrait nous initier : « À coup sûr, on opérera en pleine rêverie [...]. » La vision du spectateur ne s'écrira qu'à condition qu'il dépose aux pieds de la danseuse « la Fleur d'abord *de [s]on poétique instinct*[32] ». En bref, lire un ballet revient à l'écrire. En vertu de la disjonction radicale qui sépare le langage des pas de danse de celui de la représentation, tout ce que la danseuse – elle-même « illettrée » – peut mettre à la disposition du lecteur, ce sont des lettres vides, des types. Une idée nécessairement attachée à ces signes manque et c'est au spectateur de procéder à des

30 *Ibid.*, p. 174.
31 *Ibid.* C'est moi qui souligne.
32 *Ibid.*

dédoublements analogiques ou à des mises en séquences pour que sa vision s'écrive. Si de la scène de danse, comme de celle d'« Un spectacle interrompu », doit se dégager un type, alors ce type se compose à partir d'une disjonction fondamentale entre l'instrument ou le type et le motif qui figure sur l'instrument et se prête à la réitération ainsi qu'à des métamorphoses analogiques et syntaxiques. De même, dans « Un spectacle interrompu », la scène d'écriture et de lecture est animée par un agent qui devrait, en toute logique, n'être impliqué que mécaniquement dans ce qui se communique. Ainsi, l'intervention du poète dans la configuration de la scène consiste à révéler le rôle déterminant, rôle de garantie et de pivot, que jouent les éléments accessoires, non signifiants par eux-mêmes, dans la construction de fictions individuelles ou collectives. C'est à cet entraînement de l'imagination que doit œuvrer le texte poétique, chez Mallarmé, quel que soit son lieu de convocation : le petit théâtre des Prodigalités, la page d'un journal ou d'un poème.

Ainsi, n'est-ce sans doute pas par hasard que, dans le discours de l'ours, la requête de sens soit immédiatement suivie par une invitation – un énoncé performatif – à « authentiquer » le pacte de leur réconciliation : « Authentiquons, par cette embrassade, devant la multitude siégeant à cette fin, le pacte de notre réconciliation[33]. » À l'interrogation de l'exploit succède l'invitation ironique de souscrire à cette mise en doute, c'est-à-dire de laisser la trace du désaveu s'imprimer, faire son chemin dans des lectures à venir, au nom des deux acteurs, animal et humain, présents sur scène. Voilà en quoi, il me semble, le geste d'écriture du poète-journaliste se distingue poétiquement et politiquement d'un geste de *reportage* ainsi que de toute forme de représentation. En se faisant porte-parole de l'ours, le poète ne s'improvise pas interprète ou représentant de ses intentions cachées, il transpose plutôt la marque d'un événement matériel dans un autre médium, celui du langage humain. Au moyen du discours imaginé, il assure le relais de la trace d'un effacement que les médias, « par la foule dressés à assigner à chaque chose son caractère commun[34] » ne pourraient que refouler à nouveau. Dépositaire d'une empreinte vouée à disparaître, il fait office, comme l'ours, de type.

33 S. Mallarmé, *Œuvres complètes*, éd. citée, t. 2, p. 91-92.
34 *Ibid.*, p. 90.

Cette poétique du type n'est bien sûr pas sans conséquences sur la configuration du lieu commun. Le fait que l'ours invite le comédien à authentiquer un « pacte de réconciliation » suggère l'émergence d'une communauté nouvelle sur les ruines de l'ancienne assemblée. Le sceau du pacte social a changé. À la place d'une image, celle de l'idée spontanée qui maintenait l'assemblée dans les limites d'un jeu de correspondances convenu entre signe et sens et réduisait la bête à une machine, c'est un rapport d'interdépendance plus subtil entre la bête et l'homme qui se dessine sur scène lors de l'embrassade entre les deux acteurs. La bête ignorante interroge les secrets du spectacle, alors que l'acteur se trouve désormais tenu de composer avec ses mouvements imprévisibles. Sur un mode similaire à celui du « comique absolu » défini par Baudelaire, l'interruption a pour effet de priver tout sujet de la possession souveraine du savoir, et d'engager tous les agents de la performance dans la mobilité d'un jeu. Ce qui est sacrifié par ce pacte entre la bête et le comédien, ce n'est plus la sauvagerie de l'animal sur l'autel de l'autonomie humaine, mais bien le contrôle exercé par des idées convenues sur les signes qui les représentent. Comme le suggère la fin du texte, c'est « notre image », la fonction du mime comme « dépositaire de notre orgueil[35] », soit le modèle du langage comme incarnation d'une idée préexistante, qui est offerte en pâture à l'ours. Tel est le prix à payer pour que l'Idée entre en jeu, qu'elle s'articule sur scène, une Idée qui se compose d'aspects aussi hétérogènes et séparés les uns des autres que les étoiles d'une constellation.

Il ne s'agit pas là seulement pour le poète de tenir le sens en suspens, de le maintenir en état de neutralisation. Mallarmé suggère également la possibilité de la production d'un autre texte en lieu et place de *La Bête et le Génie*. C'est rien de moins qu'un drame astral qui se substitue au spectacle de pantomime :

> L'absence d'aucun souffle unie à l'espace, dans quel lieu absolu vivais-je, un des drames de l'histoire astrale élisant, pour s'y produire, ce modeste théâtre[36] !

Même si ce drame n'est pas nommé, on peut deviner ici que l'allusion renvoie à la constellation et au drame de la Grande Ourse. Selon une légende populaire, cette constellation d'étoiles qui pointent vers le Nord aurait été nommée « Grande Ourse » en mémoire de la métamorphose

---

35 *Ibid.*, p. 92.
36 *Ibid.*

de la nymphe Cassiopée en ourse. Héra, jalouse de Cassiopée, aurait puni ainsi l'une des nombreuses maîtresses de Zeus, et elle aurait du même coup condamné toute l'espèce des ours à tourner autour du pôle nord. Ainsi, le geste interrupteur de l'ours a bien pour effet d'opposer à la représentation d'un fait archétypal, la différence Homme/Animal, le récit légendaire d'un assujettissement, d'un dressage… d'adresser la légende de ce dressage au lecteur. (Comme l'affirme Walter Benjamin dans ses thèses sur l'histoire : « Car il n'est pas de témoignage de civilisation qui ne soit en même temps un témoignage de barbarie[37]. »)

Mais c'est peut-être encore davantage en tant que structure que le « drame stellaire » de la Grande Ourse entre en jeu. L'embrassade de l'ours et du clown ne joue pas le drame sur scène, comme une performance particulière se rapporterait à un script écrit dans les astres. Elle institue en revanche, dans le temps suspendu de l'interruption, une structure mobile qui permet aux différents agents d'entrer dans un rapport d'interdépendance. Le lecteur est ici amené à prendre connaissance de ce par quoi la fiction du lieu commun est rendue possible. Dans les termes de Derrida, l'animal-machine que le sujet n'est pas, auquel il voudrait s'opposer, devient l'animal que donc le sujet suit, qu'il doit suivre, auquel il demeure tenu pour produire du sens. À la fiction confortable d'un autre assujetti et inférieur, d'un hétérogène séparé du proprement humain, Mallarmé substitue la dramatisation du rôle fondamental joué par ce subalterne.

Il serait toutefois hâtif de conclure sur cette vision sublime du rapport homme/animal sans commenter le dernier alinéa du poème en prose où Mallarmé évoque le retour à l'ordre du spectacle. Le danger qui pèse sur la vie de l'acteur est finalement écarté par un morceau de viande jeté à l'ours pour détourner son attention :

> Loque substituée saignant auprès de l'ours qui, ses instincts retrouvés antérieurement à une curiosité plus haute dont le dotait le rayonnement théâtral, retomba à quatre pattes et, comme emportant parmi soi le Silence, alla de la marche étouffée de l'espèce, flairer, pour y appliquer les dents, cette proie[38].

Pour Mallarmé, l'instinct animal qui pousse l'ours à préférer un morceau de viande à la composition d'un morceau d'art est interprété comme la

37 W. Benjamin, *Œuvres*, *op. cit.*, t. 3, p. 433.

38 S. Mallarmé, *Œuvres complètes*, éd. citée, t. 2, p. 92.

restitution brutale d'une hiérarchie entre les espèces. L'ours retombe « à quatre pattes » et redevient un membre typique de l'espèce à laquelle il appartient. Dans ses « Notes en vue du Livre », ce dénouement sera d'ailleurs repris par Mallarmé lorsqu'il prévoit de mettre en scène des bêtes sauvages, une panthère et un ours blanc, qui « n'osent aller plus loin parce que grand feu au milieu[39] ». Tout se passe comme si l'ours manquait aux exigences d'une « curiosité plus haute » qui seule eût permis de transgresser la frontière qui sépare l'homme de l'animal. De même l'assemblée humaine est décrite comme obéissant servilement à un instinct de conservation :

> Un soupir, exempt presque de déception, soulagea incompréhensiblement l'assemblée : dont les lorgnettes, par rangs, cherchèrent, allumant la netteté de leurs verres, le jeu du splendide imbécile évaporé dans sa peur ; mais virent un repas abject préféré peut-être par l'animal à la même chose qu'il lui eût fallu d'abord faire de *notre image*, pour y goûter[40].

Mallarmé suggère une analogie entre les spectateurs qui sont « incompréhensiblement » soulagés plutôt que déçus par le retour à l'ordre et la bête qui se contente du repas qu'on lui tend, au lieu de goûter à « notre image ». Les hommes qui viennent d'être exposés à un spectacle susceptible d'entraîner leur imagination poétique ne trouvent de satisfaction qu'à la maîtrise de la bête sauvage. L'incident ne mérite alors pas plus d'attention qu'un fait divers, il appartient à la catégorie du fait sensationnaliste : un homme a failli se faire manger par son ours savant. On se rallie à nouveau autour d'un sentiment commun aux dépens de la mobilité du sens entrevue lors de l'interruption. À cet égard, l'animal poétique se distingue encore, comme chez Baudelaire, de l'animal grégaire, déterminé par l'instinct de conservation propre à son espèce. Le poète adresse en effet le même reproche aux hommes et à l'animal, celui de préférer un repas tout préparé, ou une lecture convenue, au travail de symbolisation que l'interruption inaugurait. Davantage, alors que Baudelaire envisageait dans « Les Bons chiens » le repas comme une récompense bien méritée du travail fourni par les acteurs animaux, le morceau de viande dans le poème de Mallarmé n'intervient que comme un moyen répressif qui empêche la déconstruction de la hiérarchie entre

39 S. Mallarmé, *Œuvres complètes*, éd. citée, t. 1, p. 958.
40 S. Mallarmé, *Œuvres complètes*, éd. citée, t. 2, p. 92.

espèces de suivre son cours. Il eût fallu que l'ours, comme le public, préférât le jeu à la satisfaction de son appétit. C'est un seul et même animal – hommes ou bête – qui résiste ainsi à l'historicité du sens inaugurée par l'interruption du spectacle, et se contente de substituts consommables, *du lard pour l'art* en quelque sorte.

Cette réitération de la différence entre homme et animal, ou animal poétique et animal dominé, demeure cependant porteuse d'une autre manière de penser le propre de l'homme. Celui-ci n'est plus établi par la possession acquise de propriétés rationnelles, de la maîtrise d'un *logos* dont la bête, mécanique et sans âme, se trouve exclue. Au contraire : la mobilité du sens pour Mallarmé n'est rendue possible que par l'intervention des mouvements de l'animal dans le jeu des signes. Tant que l'homme tient son indépendance de la bête pour acquise, il s'expose à l'intervention de sa griffe démythisante. De même que les pas d'une danseuse illettrée, les mouvements non-programmés de l'ours sur scène s'imposent comme la condition d'une ouverture du sens à des lectures multiples, et non anticipées. Mallarmé confie ainsi à la poésie le rôle d'informer ses contemporains sur la complexité des lieux communs auxquels ils participent.

SEUILS DE TRADUCTION DANS « LE CORBEAU » DE MALLARMÉ[1]

Parue en 1875, la même année qu'« Un spectacle interrompu », la seconde traduction du poème « The Raven » de Poe par Mallarmé se présente sous la forme d'un poème en prose, édité en livre et accompagné d'une série d'illustrations de Manet. Au-delà de leur contemporanéité et de la forme qu'ils adoptent, « Le Corbeau » de Mallarmé et « Un spectacle interrompu » comportent quelques caractéristiques communes. Ils représentent tous deux une sorte de duel entre un personnage humain et un personnage animal, et remettent en cause, chacun à sa manière, la rigueur de la frontière cartésienne entre l'usage proprement humain de la parole, et la réaction animale[2]. Dans « Un spectacle interrompu » – nous l'avons vu – cette distinction est mise à mal par le geste interrogateur de l'ours sur scène qui révèle le rôle du mécanisme dans le jeu de son acolyte humain. Or, le dialogue tragi-comique auquel se livrent le corbeau et le narrateur dans le poème de Poe dramatise la même indistinction. Dans « The Raven » un étudiant, en deuil de sa bien-aimée Lénore, reçoit la visite nocturne d'un corbeau qui répond au nom de *Nevermore.* À chaque question de l'étudiant – qui est aussi le narrateur du poème – le corbeau prononce ce seul mot, dont on ne sait s'il s'agit d'un croassement ou d'une parole apprise par cœur, mais qui se trouve répondre à chaque question de manière sensée. Le poème interroge précisément la cause du sens produit. S'agit-il de l'attribuer à un pouvoir de divination dont l'animal serait doté, ou au caractère

1 Ce chapitre est la réécriture d'un article paru sous le titre « Ec(h)opoetics in Mallarmé's Translations of "The Raven" », dans la revue *Dix-Neuf*, vol. 19, n° 3, 2015, p. 274-284.

2 René Descartes, *Œuvres et lettres*, éd. André Bridoux, Paris, Gallimard, « Bibliothèque de La Pléiade », 1953, p. 164-165. – Rappelons-le : dans le *Discours de la méthode*, Descartes attribue à certains animaux la capacité d'émettre des sons, voire de répéter des mots mais en aucun cas celle d'articuler sons en mots ni mots en phrases pour représenter leur pensée, et répondre à des questions particulières. Ce pouvoir appartient en propre à l'homme, et nous détermine en tant qu'êtres raisonnables.

prévisible des questions posées, qui, à vrai dire, s'apparentent davantage à des implorations ? L'étudiant implore le corbeau de lui apporter des nouvelles réconfortantes de l'au-delà, alors même que le seul signifiant dont dispose ce dernier n'est susceptible que de nier la possibilité d'un tel réconfort. Ironiquement, la réplique « *Nevermore* » intervient alors comme le désaveu des rôles symboliques que le narrateur voudrait attribuer à l'animal. La répétition d'un même signifiant déstabilise ainsi le raisonnement de celui qui interroge, plutôt que de donner lieu à la domestication du visiteur.

À en croire les notes introductives qui accompagnent les deux éditions successives du « Corbeau », celle de 1860 et celle de 1875, ce n'est pourtant pas la question de la distinction cartésienne entre réponse et réaction qui obsède Mallarmé, mais bien la résistance farouche que le poème oppose, de par sa forme, aux efforts du traducteur. Baudelaire, traducteur des *Histoires extraordinaires*, l'avait d'ailleurs formulé sur le mode d'une sentence fatale :

> Il est évident que la valeur de tous ces moyens ne peut être vérifiée que par l'application ; et une traduction de poésies aussi voulues, aussi concentrées, peut être un rêve caressant, mais ne peut être qu'un rêve[3].

Et Mallarmé lui-même, en note de sa première traduction du « Raven », fait état de l'impossibilité de sa tâche :

> Mais la traduction, toute littérale, n'est à l'américain que ce que serait le squelette d'une jolie fille, à la chair fraîche et rose – le squelette montre seulement qu'elle n'était ni bossue ni bancale ; ces lignes françaises, de même, révèlent que la pièce ne manque d'aucune des qualités de fond : en voyant l'un, on ignore combien furent fraîches et roses les chairs qui le recouvraient, en lisant l'autre, on ne se doute pas de la beauté du rythme lugubre[4].

La comparaison anatomique, dans ce passage, a de toute évidence pour objet de souligner la richesse poétique de l'original, par opposition à la pauvreté de ce qui en reste dans la traduction. La traduction française fait écran aux qualités poétiques de l'original, de même qu'un squelette empêche d'imaginer la fraîcheur des chairs du corps vivant. Ces qualités intraduisibles du poème – le reste de la notice nous l'apprend – sont

3 Ch. Baudelaire, Œuvres complètes, éd. citée, t. 2, p. 336.
4 S. Mallarmé, *Œuvres complètes*, éd. citée, t. 2, p. 800.

bien sûr attribuées par Mallarmé à l'extraordinaire densité phonétique du poème qui se tisse à partir de la récurrence de quelques sons, *-ore*, *-ing*, etc. On sait que Mallarmé s'est montré particulièrement réceptif aux pouvoirs envoûtants des correspondances possibles entre le son et le sens. Son intérêt de linguiste pour l'anglais – pas seulement celui de Poe, mais la langue elle-même – semble en partie motivé par le pouvoir suggestif qu'il attribue aux vocables de la langue, plus à même qu'en français de mimer les idées qu'ils désignent[5].

La comparaison anatomique est suggestive à plus d'un égard cependant. Si elle semble bel et bien marquer l'abîme qui sépare original et traduction, faut-il pour autant en conclure que toute traduction de Poe, pour Mallarmé, ne peut se réduire qu'à un tracé des proportions du texte original ? Et même si tel était le cas, que faut-il entendre par cette comparaison de la traduction avec le « squelette » d'un corps vivant ? Doit-on nécessairement comprendre cette observation comme un simple aveu d'échec, la confirmation de l'édit baudelairien ? Si tel était le cas, alors pourquoi Mallarmé aurait-il donné suite à cette première série de traductions quinze ans plus tard, et qui plus est, en adoptant cette fois plus clairement la forme d'un poème en prose, rompant radicalement tout lien avec la forme versifiée de l'original ?

Le trope anatomique évoque par ailleurs un passage particulier des *Mots anglais* où Mallarmé compare cette fois le mot à un organisme :

> À toute la nature apparenté et se rapprochant ainsi de l'organisme dépositaire de la vie, le Mot présente, dans ses voyelles et ses diphtongues, comme une chair ; et dans ses consonnes, comme une ossature délicate à disséquer[6].

Il est intéressant de constater dans ce passage que la dualité qui marque le rapport original/traduction informe également le langage lui-même. Si le mot est comparé par Mallarmé à un organisme, formé de chair et d'os, il s'agit d'un organisme qui, comme le texte en traduction, se divise en deux : à la fois vivant « dépositaire de la vie » et mort « comme une ossature délicate à disséquer ». L'élément présenté dans la notice du « Corbeau » comme extérieur au corps propre du poème original se trouve dans *Les Mots anglais* conçu comme

5 Pour une étude approfondie du rôle de la langue anglaise dans la poétique de Mallarmé, voir Jacques Michon, *Mallarmé et les mots anglais*, Montréal, PUM, 1978.

6 *Ibid.*, p. 949.

partie intégrante de ce corps. Derrida le remarque à bon escient dans « La Double séance » :

> Mallarmé a certes été fasciné par les possibilités du *mot* et Richard le souligne justement (p. 528), mais ces possibilités ne sont pas d'abord ni seulement celles d'un corps propre, l'unité charnelle, « la créature vivante » (p. 529) unifiant miraculeusement le sens et le sensible dans une *vox* ; c'est un jeu d'articulations morcelant ce corps ou le réinscrivant aussi bien dans des séquences qu'il ne commande plus[7].

La partie « morte » du mot, en d'autres termes, son ossature différentielle, ne vaut pas seulement chez Mallarmé comme le schéma réducteur de l'organisme vivant, il est aussi le lieu d'articulations possibles qui excèdent le domaine du mot en tant que « créature vivante ».

Mais surtout, pour revenir au passage sur la traduction de « The Raven », il semble bien que, tout en dépréciant sa traduction, Mallarmé suggère également un rapport analogique entre la situation du traducteur et celle du narrateur du poème de Poe. En effet, la comparaison de l'original avec le corps d'une « jeune fille à la chair fraîche et rose » ne manque pas de faire écho à la scène de deuil dramatisée par le poète américain. Dans « The Raven », ce que la visite inattendue de l'oiseau interrompt, c'est une scène d'affliction où le narrateur cherche vainement à se distraire de la disparition de l'être aimé, Lénore (« – *vainly I had sought to borrow / From my books surcease of sorrow – sorrow for the lost Lenore – / For the rare and radiant maiden whom the angels name Lenore –*[8] »). Aussi, l'espoir que la présence du visiteur mystérieux éveille chez le narrateur, c'est d'avoir affaire, sous le masque grotesque d'un corbeau qui croasse, à l'esprit de Lénore ou tout au moins à un messager de l'au-delà (« *prophet still, if bird or devil !* – » (v. 85)) venu pour l'assurer de la présence de l'âme de Lénore au paradis. C'est précisément cet espoir d'une communion rêvée que ne cessent de décevoir la figure spectrale du corbeau et la réponse « *Nevermore* » proférée mécaniquement à chacune des supplications du narrateur. Que Mallarmé compare sa traduction à un corps squelettique inapte à susciter l'illusion d'une ressemblance avec le poème original semble donc bien faire allusion, par analogie,

---

7 Jacques Derrida, *La Dissémination*, Paris, Éditions du Seuil, 1972, p. 287.

8 Edgar Allan Poe, « The Raven », *Complete Stories and Poems*, New York, Doubleday, 1984, p. 754, v. 9-11.

au motif central du poème de Poe. En même temps que le constat de l'échec inévitable auquel doit se heurter toute traduction, cette note de bas de page suggère aussi la possibilité de lire « The Raven » comme une allégorie de la traduction. Elle invite à comprendre la relation entre le traducteur, la traduction-squelette et la plénitude rêvée de l'original, dans les termes de celle qui confronte le narrateur au corbeau, messager de mauvais augure, qui faillit à sa tâche de témoigner de la présence de Lénore dans l'au-delà. Comme Walter Benjamin l'a théorisé dans son essai, la tâche du traducteur implique nécessairement le renoncement à un idéal de ressemblance, dans la mesure où le traducteur occupe une position extérieure à celle de l'œuvre :

> Car, autant qu'on en puisse extraire du communicable pour le traduire, il reste toujours cet intouchable sur lequel portait le travail du vrai traducteur et qui n'est pas transmissible comme l'est, dans l'original, la parole de l'écrivain, car le rapport de la teneur au langage est tout à fait différente dans l'original et dans la traduction. En effet, si, dans l'original, teneur et langage forment une certaine unité comparable à celle du fruit et de sa peau, le langage de la traduction enveloppe sa teneur comme un manteau royal aux larges plis. Car il renvoie à un langage supérieur à lui-même et reste ainsi, par rapport à sa propre teneur, inadéquat, forcé, étranger[9].

La différence de rapport entre forme et contenu, exprimée ici au moyen des deux images du fruit et de la robe aux larges plis, semble particulièrement pertinente dans le cas de la traduction d'un poème en vers qui se présente sous la forme d'un poème en prose. Pour Benjamin, cependant, ce déplacement de paradigme sémiotique occasionné par la traduction ne contribue pas nécessairement à la destruction de l'œuvre originale. Il permet, au contraire, de mettre en évidence des aspects du poème original que l'idéal d'unité organique laissait dans l'ombre. Ce à quoi doit renoncer le traducteur, ce n'est pas la littérarité du poème original, mais le modèle esthétique du fruit et de sa peau, à partir duquel la relation entre sens et forme a pu être envisagée. Il est ainsi significatif que, dans sa deuxième traduction, Mallarmé cherche à faire ressortir certains tours de phrases ou certaines ambiguïtés syntaxiques, que le pouvoir de séduction de l'harmonie sonore qui caractérise l'original pourrait nous faire oublier.

9 W. Benjamin, *Œuvres*, *op. cit.*, t. 1, p. 254.

Or, cette pratique de la traduction n'est bien sûr pas sans incidences sur le contenu du poème, et en particulier sur la dramatisation de l'opposition entre l'individu souverain, représenté par le narrateur et l'animal servile, représenté par le corbeau. Dans les pages qui suivent, je voudrais donc commenter de près la manière dont l'interprétation de la figure du corbeau, et de son rôle dans le poème, change en fonction des choix de traduction de Mallarmé. En d'autres termes, quelle image du rapport homme/animal émerge d'une traduction qui prend le parti de renoncer à l'idéal de ressemblance esthétique ?

NEVERMORE – JAMAIS PLUS

Le premier aspect de la traduction de Mallarmé auquel tout lecteur se trouve confronté concerne le maître-mot « *Nevermore* », traduit par « Jamais plus ». Mallarmé commente cet événement dans les termes suivants :

> Le « Jamais plus » fait un effet immense en américain : il se dit « Nevermore » qu'on prononce « Niveurmôre ». C'est un des plus beaux mots anglais par son idée si triste, et c'est un son lugubre qui imite admirablement le croassement guttural du sinistre visiteur[10].

« *Nevermore* » – rappelons-le – n'est pas n'importe quel mot du poème « The Raven », puisqu'il s'agit à la fois du nom de son personnage principal, le corbeau, et de l'unique séquence verbale qu'il prononce en réponse aux questions du narrateur. Le mot se trouve non seulement onze fois répété dans le poème, mais sa sonorité finale *-ore* constitue également la sonorité dominante du texte, reprise par le nom de Lénore, les mots « *chamber door* », « *nothing more* », « *implore* », « *yore* », « *floor* », « *shore* » etc. Comme le souligne Mallarmé, le mot répété par l'oiseau se distingue donc d'un signe arbitraire à plus d'un égard : il imite, en tant qu'onomatopée, le croassement du corbeau, et suggère, de par sa sonorité, l'idée mélancolique qu'il désigne. C'est, en bref, un signe cratylique, une parole que Mallarmé qualifie de divine lorsque dans « Crise de vers »

10 S. Mallarmé, *Œuvres complètes*, éd. citée, t. 2, p. 800.

il parle du langage d'avant la Chute comme d'une parole qui se trouve « par une frappe unique, elle-même matériellement la vérité[11] ». L'animal qui porte ce nom et répète « *Nevermore* » devient ainsi le véhicule d'un pouvoir démoniaque de la parole. Lui ouvrir la porte, c'est en somme accueillir un mode de symbolisation qui excède l'arbitraire des langues, et qui d'une certaine manière laisse planer l'espoir d'un retour à la présence de Lénore et d'un accès à l'au-delà. L'interprétation du corbeau comme messager d'un au-delà (Éden ou Enfer) est d'ailleurs suggérée par d'autres signes du texte : le corbeau se juche sur le buste de la déesse Pallas, le narrateur lui attribue spontanément un savoir surnaturel qui dépasse les bornes humaines, et le poème établit un relais évident entre la voix du corbeau et celle du poète qui fait communiquer en réseau fermé « *Lenore* », « *Nevermore* », « *lore* » etc., comme si le poème pouvait faire naître un sens commun à tous ces mots[12].

Avec la perte du réseau de rimes internes en *-ore*, cette interprétation de la figure du corbeau « *Nevermore* » s'efface nécessairement de la traduction de Mallarmé. Non seulement le traducteur est contraint d'intervenir sur l'esthétique du poème, mais le rôle du corbeau comme messager divin perd de son aura. Assistons-nous alors à une destruction pure et simple du poème original ? Tel serait le cas, sans aucun doute, si tout le sens du texte de Poe ne dépendait que de la coïncidence restaurée entre signifiant et signifié, si « *Nevermore* » ne pouvait jouer dans le poème que le rôle d'un messager de l'au-delà. Or, à y regarder de plus près, l'interprétation de l'animal comme messager d'un au-delà (Enfer ou Éden), figure du corbeau/démon dont le nom fait parfaitement référence à ce qu'il nomme, est plus ambiguë qu'il n'y paraît au premier abord. En effet, si « *Nevermore* » s'impose à certains égards comme une parole qui se trouve, pour reprendre les termes de « Crise de Vers », « par une frappe unique, elle-même matériellement la vérité[13] » c'est-à-dire

11 *Ibid.*, p. 208.

12 L'intrusion d'un signifiant cratylien dans l'espace poétique trouve bien sûr de nombreux échos dans l'œuvre poétique de Mallarmé. Dans « Le Démon de l'analogie » notamment, c'est aussi le mouvement d'une aile qui inspire au poète le fragment de vers qui dit ce qu'il fait « La pénultième / Est morte » (*Ibid.*, p. 86). Comme Kevin Newmark le souligne, c'est également, dans ce poème en prose, au désaveu d'une conception du verbe poétique comme Verbe divin que nous assistons. Le signe divin se révèle en effet masquer la production du sens à partir du langage dans ce qu'il a de plus matériel, horizon indépassable (K. Newmark, *op. cit.*, p. 102).

13 S. Mallarmé, *Œuvres complètes*, éd. citée, t. 2, p. 208.

composée de sons qui en expriment le sens, le poème de Poe suggère aussi une autre interprétation, plus prosaïque, de la figure du corbeau, qui, elle, prend tout son sens dans le contexte d'une traduction : celle du corbeau comme animal de foire, de la bête domestiquée à qui on a appris à répéter des syllabes d'une autre langue, « *Nevermore* » ou « Jamais plus ». Cette interprétation est suggérée par le narrateur lui-même :

> *« Doubtless » said I « what it utters is its only stock and store*
> *Caught from some unhappy master whom unmerciful Disaster*
> *Followed fast and followed faster till his songs one burden bore*
> *Till the dirges of his Hope that melancholy burden bore*
> *Of "Never-nevermore*[14]*". »*

Mallarmé traduit en 1875 de la manière suivante :

> « Sans doute, dis-je, ce qu'il profère est tout son fonds et son bagage, pris à quelque malheureux maître que l'impitoyable désastre suivit de près et de très près suivit jusqu'à ce que ses chansons comportassent un unique refrain ; jusqu'à ce que les chants funèbres de son Espérance comportassent le mélancolique refrain de "Jamais – Jamais plus[15]". »

Ici, ce n'est pas en vertu d'un pouvoir démoniaque mystérieux que le croassement de l'animal devient nom, parole, et finalement prophétie, ni par les analogies de sens auxquelles il donne lieu. C'est par l'imitation d'un refrain chanté par un vieux maître. Si le corbeau a accès à la parole humaine c'est en vertu de la simple capacité linguistique que la tradition métaphysique accorde aux animaux depuis Descartes, c'est-à-dire celle de proférer des mots par automatisme, en réaction à un signal, sans connaître le sens de ces mots, sans pouvoir témoigner « qu'ils pensent ce qu'ils disent[16] ». Selon cette interprétation, l'expression « Jamais plus » en français peut se substituer à « *Nevermore* » sans détruire la structure inhérente au texte original ; la traduction marque même plus nettement le caractère ironique et disjonctif de la figure de l'imitateur qui articule un mot de la langue arbitrairement, sans que ce mot coïncide nécessairement avec son intention. Ce n'est pas l'indistinction phénoménale entre cri et mot qui donne lieu à la parole, mais c'est la possibilité pour

14 E. A. Poe, *Complete Stories and Poems*, *op. cit.*, p. 755, v. 64-66.
15 S. Mallarmé, *Œuvres complètes*, éd. citée, t. 2, p. 797.
16 R. Descartes, *Œuvres et lettres*, éd. citée, p. 165.

un animal dressé de saisir tel signifiant du langage et de réagir à toute interpellation par la répétition de ce mot, sur le mode de l'écho. Dans ce sens, le corbeau devient allégorie du langage en tant que forme disjointe d'un sens à communiquer, ce qui résume, dans les termes de Walter Benjamin, la situation de la langue traduisante par rapport à l'original, une langue séparée de l'unité son/sens du texte original.

Bien sûr, ce déplacement de l'interprétation du corbeau n'est pas le seul fait de la traduction de Mallarmé. Il est déjà sous-jacent dans le texte original de Poe de même que l'interprétation opposée du corbeau comme animal-démon, dépositaire d'une parole sacrée. Ce qu'on peut mettre sur le compte de l'art mallarméen de la traduction, en d'autres termes, c'est le parti pris de faire saillir cette lecture particulière aux dépens d'une lecture qui privilégierait le caractère mimétique, cratylien, du langage poétique.

HEURTS DE LA TRADUCTION

Ce parti pris se manifeste de la manière la plus évidente dans la deuxième traduction en prose de la première strophe du poème, où Mallarmé n'hésite pas à modifier les deux derniers vers pour mieux faire valoir la présence d'une rupture entre langage et intention dans le poème de Poe. Le texte original se présente de la manière suivante :

> *Once upon a midnight dreary, while I pondered, weak and weary*
> *Over many a quaint and curious volume of forgotten lore –*
> *While I nodded, nearly napping, suddenly there came a tapping,*
> *As of some one gently rapping, rapping at my chamber door.*
> *« 'Tis some visitor » I muttered « tapping at my chamber door –*
> *Only this and nothing more*[17]. »

Mallarmé traduit d'abord, en 1860 :

> « Une fois, vers l'effrayant minuit, pendant que je songeais, las et abattu,
> Sur de gothiques et curieux recueils d'amours oubliés, –
> Pendant que je penchais la tête, mi-endormi, soudain vint un bruit,

17 E. A. Poe, *Complete Stories and Poems*, *op. cit.*, p. 754, v. 1-6.

> Comme d'une main doucement heurtant, heurtant à la porte de ma chambre
> "C'est quelqu'ami" murmurai-je, "frappant à la porte de ma chambre –
> "Seulement cela et rien de plus[18]". »

puis, en 1875 :

> « Une fois, par un minuit lugubre, tandis que je m'appesantissais, faible et fatigué, sur maint curieux et bizarre volume de savoir oublié – tandis que je dodelinais de la tête, somnolant presque, soudain se fit un heurt, comme de quelqu'un frappant doucement, frappant à la porte de ma chambre, – cela seul et rien de plus[19]. »

Hormis sa forme versifiée (qui ne correspond en fait à aucun mètre), la première traduction témoigne d'un effort plus évident de maintenir la densité phonémique de l'original malgré la perte des sonorités anglaises. Ainsi, la perte du réseau « *napping/tapping/rapping* » est compensée par les rimes internes en *–i* : « minuit/endormi/bruit/ami », un effet que la deuxième traduction en prose laisse tomber au profit de plus de précision sémantique dans le choix de chaque terme[20]. Mais ce qui frappe surtout, à comparer les deux versions, c'est que la deuxième supprime l'avant-dernier vers de la strophe de Poe, « *T'is some visitor, I muttered, tapping at my chamber door* », et attribue le dernier vers, « *Only this and nothing more* », à la voix du je narrant plutôt qu'à celle du je narré. Cette infidélité a bien sûr des conséquences importantes sur le sens de ce passage : le démonstratif « cela seul », plutôt que de désigner l'explication que donne le personnage du poète au heurt (« C'est quelque ami [...] Seulement cela et rien de plus. »), porte désormais sur l'événement du heurt lui-même, et il devient l'indicateur de ce que le narrateur – la voix qui raconte la visite du corbeau – tient pour l'événement qui s'est passé ce soir-là. Ce soir-là, vers les minuit, nous dit la deuxième traduction, ce qui s'est passé soudain, tout ce qui s'est passé, c'est qu'il s'est fait un heurt « comme de quelqu'un frappant doucement, frappant à la porte de ma chambre ». Par une infidélité faite au texte original,

18 S. Mallarmé, *Œuvres complètes*, éd. citée, t. 2, p. 797.

19 *Ibid.*, p. 731.

20 On peut remarquer à cet égard que le réseau de rimes internes ne fait pas, même lointainement, écho à la série paronomastique : « *napping/tapping/rapping* ». Non seulement les sonorités ne correspondent pas, mais aussi la répétition en rime ne crée pas les mêmes effets que la répétition paronomastique. Je m'expliquerai sur cette distinction un peu plus loin.

le traducteur isole comme l'événement marquant de la rencontre avec le corbeau – l'événement dont voudrait témoigner le narrateur – cette indistinction entre un heurt à la porte et un signe qui témoigne de la présence d'un visiteur humain. Or, il faut bien préciser à quel type d'indistinction nous avons affaire. Il ne s'agit pas de l'indistinction entre le signe arbitraire et le signe cratylien, (que le mot « *Nevermore* » véhiculerait en anglais à cause de ses sonorités lugubres), il s'agit d'une indistinction entre bruit et signe qui concerne en premier lieu la différence entre l'intention et l'absence d'intention du sujet qui frappe à la porte. Le heurt à la porte, la répétition de quelques coups sur une porte, fonctionne en effet sémiotiquement comme un signe conventionnel, et un signe conventionnel d'ordre performatif. On l'utilise pour dire : « Il y a quelqu'un derrière la porte. » et pour faire en sorte que la porte s'ouvre. Si l'hôte se trouve à la maison et s'il ne juge pas le coup suspect, il va répondre à son appel, comme le fait le personnage du poème de Poe. L'événement, dans ce cas, c'est que ce même rituel social, que ce performatif, fonctionne en l'absence même d'une personne humaine derrière la porte, et de l'intention de requérir l'entrée en frappant. Ce par quoi le corbeau annonce sa présence n'est pas un signe plein, où le signifiant exprime le signifié, mais au contraire un signifiant – le heurt – qui se trouve radicalement dissocié du signifié qu'on lui attribue conventionnellement. Il se fait un heurt « comme de quelqu'un » frappant à la porte, de même que « Jamais plus » est proféré par le corbeau comme par quelqu'un qui en connaîtrait le sens. La différence entre le vrai signe et le signe feint, c'est qu'il n'y a pas de figure humaine qui se porte garante du heurt et que des significations variées naissent de « Jamais plus » indépendamment de l'intention de celui qui prononce ce mot, par le seul fait d'une répétition.

Nous avons donc affaire à un déplacement dans l'interprétation du poème qui, si on prend en compte la portée allégorique de la figure du corbeau, devrait aussi affecter notre compréhension du langage poétique et de la relation du langage de l'original à celui de la traduction. Plutôt que de figurer l'intervention d'une parole divine (qui fait parfaitement référence à ce qu'elle désigne) dans le domaine de la rationalité humaine, le poème de Poe peut être lu, à partir de l'intervention du traducteur, comme dramatisation du pouvoir déstabilisant du langage en tant que *paronomasia*, le trope qui consiste à produire des différences de sens en sollicitant la similarité ou la parenté proche entre signifiants. La radicalité poétique tient alors à la mise en crise de la distinction entre un usage proprement humain du langage où les mots servent de véhicule à la pensée du locuteur, où le locuteur atteste de sa capacité de répondre aux interpellations, et un usage animal où la profération du verbe se fait mécaniquement, sans pouvoir témoigner d'une intention ou d'une pensée réelle du locuteur. En effet, c'est bien cette distinction qui se brouille dans le poème à mesure que l'unique réplique de l'animal, à chaque répétition, se trouve répondre aux interpellations variées du narrateur de façon appropriée. Qu'un être qui ne perçoit pas le sens des mots de son interlocuteur, un étranger au sens fort, sourd à ses intentions, inapte à entendre ses questions, puisse pourtant y répondre ; que la répétition d'un seul et même « fonds » linguistique produise des réponses différentes, voilà qui met en place une économie du verbe à même d'interroger la notion même de représentation.

Si j'attribue cette subversion au trope de la paronomase (plutôt qu'à d'autres figures de répétition, l'allitération ou l'anaphore) c'est que ce trope me semble le plus à même de rendre compte de l'articulation entre identité et différence dramatisée par le poète à un niveau lexical aussi bien que syntaxique. Comprise comme trope, c'est-à-dire une figure qui détourne le sens – et comme un trope qui donne lieu à des sens différents plutôt qu'analogiques – la paronomase gagne une envergure figurale qui ne se limite pas à la dimension phonétique du mot. Elle peut s'appliquer autant à la répétition d'un même phonème dans plusieurs mots différents (par exemple dans la strophe 12 : « *linking/sinking/thinking* ») qu'à celle d'un même groupe de lettres dans des mots différents (par exemple dans la strophe 1 : « *dreary/weak/weary* ») ou encore qu'à celle d'un même syntagme, « *Nevermore* » ou « Jamais plus », dans des séquences syntaxiques différentes. Quand « *Nevermore* » intervient en réponse à la question « *Tell me what thy lordly name is on the Night's Plutonian shore !* » (v. 47-48), il devient un nom propre et recouvre la fonction grammaticale d'attribut du sujet : « *My name is Nevermore.* » Quand le même mot intervient à la fin de la réplique prononcée en aparté par le narrateur, « *On the morrow he will leave me, as my hopes have flown before / Then the bird said : "Nevermore"* » (v. 59-60), il devient un nom commun dont la fonction adverbiale est de modifier le syntagme

« *he will leave me* ». Comme pour le phonème *-inking* qui devient deux mots différents s'il est précédé par *-l* ou *-s*, « *Nevermore* » ne reste pas identique selon le contexte linguistique, selon la grammaire de la phrase où il intervient. L'intérêt poétique de la répétition d'un même signifiant, selon cet usage de la paronomase, ce n'est pas de créer une analogie entre deux sens différents et donc de créer des noyaux sémantiques à partir des sons (l'acception la plus courante du terme), mais c'est au contraire d'inscrire et de réinscrire ce signifiant dans des structures qui font, à chaque fois, bifurquer le sens.

Le mode d'écho de la traduction consiste ainsi plutôt que d'imiter l'original, à faire remarquer dans l'original des endroits du texte à partir desquels le sens devient instable. Il s'agit d'un redoublement qui ne peut pas se faire sur le mode de la ressemblance, mais qui, par ce défaut même de ressemblance, peut marquer d'autant mieux dans un médium différent l'instabilité de l'original. Comme le formule Paul de Man dans son essai sur Benjamin : « La traduction canonise, saisit, un original et fait voir dans l'original une mobilité, une instabilité, que l'on n'avait pas remarquée au premier abord[21]. » C'est en tous cas ce que suggère la traduction en prose de Mallarmé, non seulement par l'infidélité analysée plus haut, mais aussi, et de façon plus saisissante, par son parti pris de mettre en vedette les articulations syntaxiques les plus ambivalentes du poème, les tours de phrases (ce que Benjamin désigne comme *Art des Meinens*[22]) aux dépens des équivalences sémantiques d'une langue à l'autre. Si la traduction se rapporte à l'original comme un squelette à un corps vivant, pour reprendre la métaphore discutée en introduction, ce n'est peut-être pas vraiment parce qu'elle reproduit schématiquement le sens, mais plutôt parce qu'elle fait ressortir les articulations du texte comme pivots du sens.

---

21 Paul de Man, *The Resistance to Theory*, Minneapolis, University of Minnesota Press, 1986, p. 82. C'est moi qui traduis.

22 Walter Benjamin, « Die Aufgabe des Übersetzers », in *Illuminationen*, éd. Siegfried Unfeld, Frankfurt am Main, Surkampf, 1961, p. 56-70. – Maurice de Gandillac traduit *Art des Meinens* par « mode de visée », « façon de dire », et le concept qui s'y oppose, *Gemeinte*, par « ce qui est visé », « le vouloir dire » (W. Benjamin, *op. cit.*, t. 1, p. 244-260). Pour une discussion de ces deux concepts dans la théorie de la traduction de W. Benjamin, voir Carol Jacobs, *In the language of Walter Benjamin*, Baltimore and London, The Johns Hopkins University Press, 1999, et Bettine Menke, « "However one calls into the forest…" Echoes of Translation », *Walter Benjamin and Romanticism*, éd. Béatrice Hanssen and Andrew Benjamin, New York, Continuum, 2002, p. 83-97.

Un exemple de ce mode de redoublement nous est fourni par la strophe 4 qui met en scène l'ouverture de la porte sur le vide, sur l'absence d'un interlocuteur humain :

> *Presently my soul grew stronger ; hesitating then no longer,*
> *« Sir », said I, « or Madam, truly your forgiveness I implore ;*
> *But the fact is I was napping, and so gently you came rapping,*
> *And so faintly you came tapping, tapping at my chamber door,*
> *That I scarce was sure I heard you » – here I opened wide the door ; –*
> *Darkness there and nothing more*[23].

Mallarmé traduit d'abord, en 1860 :

> « Aussitôt mon âme ne trembla plus ; n'hésitant pas alors plus longtemps
> "Monsieur", dis-je "ou madame, véritablement j'implore votre pardon
> Mais le fait est que j'étais endormi, et si doucement vous êtes venu frappant,
> Et si légèrement vous êtes venu heurtant, heurtant à la porte de ma chambre,
> Que j'étais à peine sûr de vous avoir entendu…" puis j'ouvris toute grande
> la porte de ma chambre,
> Il y avait de l'ombre et rien de plus[24]. »

puis, il aboutit en 1875 à :

> « Mon âme se fit subitement plus forte, et n'hésitant davantage : "Monsieur, dis-je, ou madame, j'implore véritablement votre pardon ; mais le fait est que je somnolais, et vous vîntes si doucement frapper, et si faiblement vous vîntes heurter, heurter à la porte de ma chambre, que j'étais à peine sûr de vous avoir entendu." – Ici j'ouvris grande la porte : les ténèbres et rien de plus[25]. »

Les deux dernières lignes de ce passage mettent le traducteur aux prises avec un choix entre forme et sens (dans les termes de Benjamin : *Art des Meinens* et *Gemeinte*) : le déictique « here » est en effet, de toute évidence, à interpréter comme une indication temporelle alors même que cette information est communiquée au moyen d'une métaphore spatiale. La première traduction fait le choix du sens en situant l'événement de l'ouverture à la suite de l'adresse au visiteur, ce qui donne lieu au récit d'une action ordonnée chronologiquement : « Je m'adressai ainsi au visiteur – puis j'ouvris la porte – puis je découvris qu'il n'y avait personne. »

---

23 E. A. Poe, *Complete Stories and Poems*, *op. cit.*, p. 754, v. 19-24.
24 S. Mallarmé, *Œuvres Complètes*, éd. citée, t. 2, p. 796-797.
25 *Ibid.*, p. 732-733.

La deuxième traduction, en revanche, fait le choix de la forme en recourant à un usage – très rare en français – d'« ici » comme adverbe temporel. Par ce changement, qui adhère à la forme de l'expression originale malgré la dissonance occasionnée dans la langue cible, le traducteur marque la différence entre l'événement d'interruption et l'événement qui précède, soit l'adresse au visiteur. Séparé de cette adresse par l'espacement du tiret, (omis dans la première traduction), le déictique « Ici » n'introduit pas seulement, comme « puis » ou « alors », « à ce moment », un événement qui succède à un autre, il désigne simultanément l'endroit du discours où, précisément, cet enchaînement d'actions s'interrompt. Dans les termes de Lacoue-Labarthe, l'« – Ici » marque une césure dans la représentation où « la représentation y apparaît en elle-même[26] ». En effet, si d'un côté de la césure, de l'interruption, l'espace s'ouvre désormais sur le vide, sur l'absence d'un interlocuteur, d'un semblable, c'est aussi tout le discours adressé au visiteur qui apparaît sous un autre jour. D'une réponse à l'interpellation d'un autre, « Monsieur ou madame », cette adresse apparaît dès lors comme une réaction mécanique à un signal, un *stimulus*. Ce que l'absence d'un agent humain responsable du heurt à la porte dévoile – en plus du vide (« les ténèbres et rien de plus ») – c'est le fonctionnement machinal de ce heurt en tant que performatif, qui déclenche automatiquement le rituel de l'accueil de l'autre en l'absence de cet autre, ainsi qu'une étrange suite d'excuses et d'explications de la part de l'hôte. Ainsi, la crise de la distinction entre la subjectivité humaine qui a accès au langage en tant que réponse et son absence chez l'animal qui ne peut que réagir, mécaniquement, à des *stimuli* extérieurs, est déjà amorcée avant même que la bête de foire n'entre en scène[27]. Le lieu de rencontre entre le narrateur et le corbeau n'est pas ici représenté comme un espace de domestication. Il n'abrite pas non plus une relation intersubjective entre deux interlocuteurs anthropomorphisés, mais accueille plutôt une altérité qui interroge radicalement l'autonomie du sujet.

---

26 Philippe Lacoue-Labarthe, *La Fiction du politique*, Paris, Bourgois, 1988, p. 65.

27 Cette lecture pourrait être étoffée par la strophe suivante où le mot « loin » dans dans « Loin dans l'ombre regardant » (S. Mallarmé, *Œuvres complètes*, éd. citée, t. 2, p. 732) peut être lu à la fois comme adjectif et adverbe, s'appliquant dans le premier cas au sujet, dans le deuxième au verbe « regarder ». Dans le deuxième cas, la proposition décrit bien un sujet qui regarde, mais dans le premier, le sujet qui regarde se trouve objectivé par le regard d'un autre : il apparaît « loin dans l'ombre ».

Que chaque « *Nevermore* » ou « Jamais plus » prononcé par le corbeau se trouve répondre de manière sensée aux questions du narrateur contribue, dans une certaine mesure, à troubler la distinction entre réaction et réponse. Davantage, de manière plus décisive, le dialogue tragi-comique mine successivement toutes les fonctions symboliques que le narrateur voudrait attribuer au corbeau. Chaque « *Nevermore* » exclut la possibilité d'un rôle symbolique, qu'il s'agisse de celui de philtre, susceptible de faire oublier la mort de Lénore (strophe 14), ou celui de messager divin chargé d'annoncer la réunion des amants dans l'au-delà, ou tout au moins de promettre au narrateur une consolation (strophes 15 et 16). Cependant, bien qu'il se déclare rétif devant les rôles qu'il doit jouer, le corbeau refuse de partir. Le narrateur se trouve ainsi contraint de coexister avec un oiseau qui refuse de se prêter à quelque symbolisation que ce soit, tout en restant obstinément perché sur le faîte de sa porte.

ÉCHOS SILENCIEUX

Le rôle accordé par l'ensemble de la deuxième traduction de Mallarmé au signe typographique du tiret me paraît, à cet égard, emblématique de la lecture du poème de Poe à laquelle il nous invite. Contrairement à la première version et à d'autres traductions, celles de Maurice Rollinat et de Léo Quesnel en particulier, cette deuxième traduction de Mallarmé témoigne de la prise en compte du rôle poétique de césure joué par le signe muet dans le poème de Poe. Comme le poète américain s'en explique dans « Marginalia[28] », le tiret n'intervient pas seulement dans ses écrits comme une convention de ponctuation – qui d'ailleurs, en tant que telle, pourrait souvent disparaître en français à la faveur de conventions plus en usage : le point-virgule, ou les deux points en colonne. Il est aussi l'indicateur d'une figure de répétition, d'écho (« *Nothing farther then he uttered – not a feather then he fluttered –* » (v. 57)) ou d'une interruption significative de la séquence qui précède (« *And my soul from out that shadow that lies floating on the floor / Shall be lifted – nevermore* » (v. 107-108)). Le

28 Edgar Allan Poe, « Marginalia », *Essays and Reviews*, New York, Library of America, 1984, p. 1426.

tiret marque, selon la convention, une rupture dans le discours, mais il s'agit le plus souvent d'une rupture à partir de laquelle l'interprétation de ce discours bascule[29]. Or, Mallarmé semble avoir été particulièrement sensible à cet usage stylistique du signe typographique, puisque sa traduction – en plus de reproduire fidèlement ses occurrences dans le texte de Poe – le sollicite aussi dans certains passages pour suppléer l'absence d'une homonymie ou d'un tour de phrase singulier dans la langue française. Ainsi, concernant la dernière strophe, où Poe évoque la survie spectrale du corbeau dans la scène d'énonciation :

> *And the Raven, never flitting, still is sitting,* still *is sitting*
> *On the pallid bust of Pallas just above my chamber door;*
> *And his eyes have all the seeming of a demon's that is dreaming,*
> *And the lamp-light o'er him streaming throws his shadow on the floor;*
> *And my soul from out that shadow that lies floating on the floor*
> *Shall be lifted – nevermore*[30] *!*

Mallarmé traduit d'abord, en 1860, par :

> « Et le corbeau sans jamais s'envoler est encore se tenant, est encore se tenant,
> Sur la statue de Pallas qu'argente la lune juste sur la porte de ma chambre ;
> Et ses yeux sont les miroirs du rêve embrasé d'un démon,
> Et la lueur de la lampe rayonnant sur lui projette son ombre sur le parquet,
> Et mon âme, par cette ombre qui s'étend et flotte sur le parquet
> Ne sera quittée jamais plus[31] ! »

avant d'aboutir, en 1875 à la traduction suivante :

> « Et le Corbeau, sans voleter, siège encore, – siège encore sur le buste pallide de Pallas, juste au-dessus de la porte de ma chambre, et ses yeux ont toute la semblance des yeux d'un démon qui rêve, et la lumière de la lampe, ruisselant sur lui, projette son ombre à terre : et mon âme, de cette ombre qui gît flottante à terre, ne s'élèvera – jamais plus[32]. »

Il s'agit de préciser tout d'abord que le premier vers de cette strophe finale fait suite à une double réponse négative du corbeau aux questions

29 Dans « Marginalia », Poe écrit ainsi que le tiret « représente une pensée après-coup – une modification. » (*Ibid.*) C'est moi qui traduis.

30 E. A. Poe, *Complete Stories and Poems*, *op. cit.*, p. 756, v. 103-108.

31 S. Mallarmé, *Œuvres complètes*, éd. citée, t. 2, p. 800.

32 *Ibid.*, p. 734.

du narrateur. Après avoir répondu par la négative – « *Nevermore* » – à la question de la possibilité d'une communion des âmes dans l'au-delà, le corbeau a répondu par la négative à l'ordre de s'en aller, soit d'effacer la marque de cette réponse négative. Le dernier « *Nevermore* » de l'oiseau, dans la mesure où il ne répond plus à une question, s'impose comme un « non » de résistance : il s'agit de faire obstacle au désir d'effacement de la réponse négative, par l'affirmation de la matérialité du signe qui communique cette réponse négative. L'oiseau fait signe à la manière d'un signe écrit, d'une lettre d'alphabet, ou d'un signe typographique dont la fonction est d'installer le symbole sur la page plutôt que de correspondre à un signifié.

Il manque cependant au français les moyens de traduire ce changement. En plus de la reprise paronomastique de « flitting » en « still sitting », le vers de Poe recourt à l'homonymie entre « *still*/encore » et « *still*/immobile, muet », soulignée par les caractères romains pour suggérer que le mode de présence du corbeau a changé. Or, ni le verbe « se tenir » de la première traduction, ni le verbe « siéger » de la deuxième, pas plus que l'adverbe « encore » ne dispose du double sens de « *still* » en français. C'est alors l'accessoire typographique – ce signe qui appartient au fonctionnement du texte écrit – qui est ajouté par Mallarmé pour marquer qu'il y a un déplacement de sens à comprendre dans la répétition de « siéger ». En effet, le redoublement de l'expression verbale ne manque pas de solliciter les connotations multiples des deux mots « siéger » et « Pallas ». En particulier, la dénotation politique du mot « siéger » (dans le sens de « siéger dans une assemblée représentative ») devient plutôt ironique dans ce contexte. Alors qu'il vient de rejeter toute fonction représentative projetée sur lui, le corbeau, en siégeant sur le buste blanc de Pallas, transforme la représentation classique de la déesse en une pure surface d'inscription. Ce changement est même plus clairement suggéré en français, puisque le nom de Pallas fait écho à l'homonyme « pas là ». En d'autres termes, la traduction de Mallarmé souligne l'interprétation de l'acte de se percher sur le buste comme l'événement d'une inscription qui détrône le langage symbolique de la représentation classique. C'est donc à partir d'un signe typographique dépourvu de signification, puisqu'il ne fait qu'indiquer une rupture entre deux propositions, que le renversement du sens dramatisé dans le texte de Poe laisse sa marque dans le texte du traducteur.

Il est significatif, dans ce cas, que le défaut des langues pousse le traducteur à mettre à contribution dans son texte un signe qui excède la dimension phénoménale de la *phonè* linguistique, un accessoire d'écriture qui sert, précisément, à faire « siéger » matériellement le mot sur la page. Cela nous invite enfin à relire le célèbre passage de « Crise de Vers » :

> À côté d'*ombre*, opaque, *ténèbres* se fonce peu ; quelle déception, devant la perversité conférant à *jour* comme à *nuit*, contradictoirement, des timbres obscur ici, là clair. Le souhait d'un terme de splendeur brillant, ou qu'il s'éteigne, inverse ; quant à des alternatives lumineuses simples – *Seulement*, sachons, *n'existerait pas le vers* : lui, philosophiquement rémunère le défaut des langues, complément supérieur[33].

Ce passage de « Crise de vers » a été souvent cité pour illustrer le rôle cratylien que Mallarmé confère au langage poétique. Le vers mallarméen, selon cette interprétation, ne tient son existence que de l'arbitraire des langues : sa fonction consiste à compenser le « défaut des langues » en motivant à nouveau la relation entre signifiant et signifié. Mais Barbara Johnson le remarque à bon escient : si le poème se donne pour tâche de compenser l'arbitraire du signe, il importe aussi, ironiquement, que cette compensation échoue, pour que l'activité poétique se poursuive[34]. La grammaire du verbe « rémunérer » invite d'ailleurs à une compréhension légèrement différente de ce passage : selo n une interprétation littérale, le vers ne « compense » pas le défaut des langues, il le rémunère, le récompense positivement du travail fourni. Ainsi, dans l'exemple précédent, l'absence d'une homonymie en français a pour conséquence de faire intervenir la dimension typographique de la phrase dans la production du sens, et de créer d'autres homonymies que l'original ne contient pas.

Quel autre événement, en définitive, est-ce que le tiret pourrait bien signaler ou passer sous silence ? Que pourrait-il s'être passé, ou non, entre les derniers vers du dialogue et le début de la dernière strophe ? Le poème ne le dit pas. Il se pourrait que le corbeau soit mort, de mort naturelle, ou abattu par un narrateur hors de lui. Mais il se pourrait tout aussi bien qu'il ait décidé de rester perché sur le faîte de la porte, choisissant de renoncer, comme Mallarmé le suggère dans une note introductive à sa seconde traduction, « [aux] ténébreux errements pour aborder une

33 *Ibid.*, p. 253.

34 Barbara Johnson, *Mother Tongues*, Cambridge, Harvard University Press, 2003, p. 52.

chambre de beauté[35] ». Un changement est tacitement pris en compte par le poème, mais la cause de ce changement demeure indécidable. La dernière image du poème ne manque pas de souligner, cependant, une inversion particulière des rôles joués par les deux personnages. Tandis qu'au début du dialogue, le corbeau prononce « *Nevermore* » comme s'il versait son âme dans ce mot, (« *But the Raven, sitting lonely on the placid bust, spoke only / That one word, as if his soul in that one word he did outpour*[36] » (v. 56)), c'est finalement le narrateur qui profère le mot et verse son âme, non dans le mot, mais dans l'ombre immobile du corbeau (« *And my soul from out that shadow that lies floating on the floor / Shall be lifted – nevermore*[37] » (v. 107-108)). Le narrateur finit donc par envisager de composer, à l'avenir, avec le corbeau, d'une manière qui contraste avec l'espoir initial d'une fusion entre les âmes, ou tout au moins, s'y réfère parodiquement.

Pour conclure ce chapitre, je voudrais revenir brièvement sur le rôle du traducteur présenté dans l'essai de Walter Benjamin. Comme nous l'avons discuté au début de cette étude, la métaphore organique du fruit et de sa peau qu'il applique au poème lui permet surtout de distinguer le langage de la traduction de celui de l'original. Alors que dans le cas d'un poème original, la forme semble, en tout cas à première vue, adhérer presque naturellement au contenu, la traduction défait nécessairement ce modèle organique et invite à considérer dans les plis de son langage des aspects moins immédiatement perceptibles. Un autre passage de « La Tâche du traducteur » le formule d'une autre manière :

> La traduction, cependant, ne se voit pas, comme l'œuvre littéraire, pour ainsi dire plongée au cœur de la forêt alpestre de la langue ; elle se tient hors de cette forêt, face à elle, et, sans y pénétrer, y fait résonner l'original, au seul

35 Mallarmé présente cette image comme la plus emblématique du poème : « Noir vagabond des nuits hagardes, ce *Corbeau*, si on se plaît à tirer du poème une image significative abjure les ténébreux errements pour aborder enfin une chambre de beauté, somptueusement et judicieusement ordonnée, et y siéger à jamais. » (S. Mallarmé, *op. cit.*, p. 772).

36 Mallarmé traduit, en 1875, par : « Mais le Corbeau perché solitairement sur ce buste placide, parla ce seul mot comme si son âme, en ce seul mot, il la répandait. » (S. Mallarmé, *op. cit.*, p. 733).

37 Mallarmé traduit, en 1875, par : « [...] et mon âme, de cette ombre qui gît flottante à terre, ne s'élèvera – jamais plus. » (S. Mallarmé, *op. cit.*, p. 734). Pour une analyse de l'inversion des rapports de pouvoir entre l'homme et l'animal dans le poème de Poe, voir Christopher Peterson, *Bestial Traces*, New York, University Press, 2013, p. 69-70.

> endroit chaque fois où elle peut faire entendre l'écho d'une œuvre écrite dans une langue étrangère[38].

Ici, la métaphore de la forêt alpestre suggère de nouveau une différence de rapport à la langue entre le poète et le traducteur. Selon les termes de la citation, le traducteur cherche à appeler l'original à partir d'une *lexis* différente, à produire l'écho de l'original à partir de formes linguistiques radicalement disjointes d'un « vouloir dire » originel.

Dans le cas des deux traductions de Mallarmé, c'est, paradoxalement, lorsque le traducteur renonce à imiter l'esthétique de l'original et adopte la forme du poème en prose, qu'il parvient à faire résonner certains échos de l'original dans la langue française. Davantage, la traduction en prose permet à Mallarmé de faire saillir de l'original les aspects poétiques qui interrogent le plus radicalement la division cartésienne entre réaction et réponse, ainsi que les efforts du sujet humain pour subsumer l'altérité du visiteur animal.

38 W. Benjamin, *Œuvres*, *op. cit.*, t. 1, p. 254.

POÉTIQUE DE LA TRACE CHEZ FLAUBERT

Le rôle des animaux dans « La Légende de Saint Julien l'Hospitalier »

À en croire certains passages de la correspondance de Flaubert, « La Légende de Saint Julien l'Hospitalier » aurait été conçue avant tout comme un exercice de style. À l'automne 1875, Gustave Flaubert traverse une crise sans précédent : ruiné par la faillite du mari de sa nièce, il est atteint d'une maladie que lui-même qualifie de « névrose » et se trouve dans l'incapacité de poursuivre son œuvre encyclopédique *Bouvard et Pécuchet.* En convalescence à Concarneau, où il rend visite à son ami biologiste Pouchet, Flaubert envisage alors en ces termes l'écriture du conte : « En attendant, je vais me mettre à écrire la légende de *Saint Julien l'Hospitalier*, uniquement pour m'occuper à quelque chose, pour voir si je peux faire encore une phrase, ce dont je doute[1]. » Jamais l'indifférence du sujet n'aura été si ouvertement admise par Flaubert. Il n'est question dans une autre lettre à George Sand que d'une « petite niaiserie dont la mère pourra permettre la lecture à sa fille[2] », d'une « historiette » dont le principal intérêt est de ne pas dépasser trente pages.

Cependant, un des motifs principaux du conte se profile déjà dans le langage que Flaubert utilise au cours de ces lettres : celui de l'animalité. Il est d'abord question d'une forme d'animalité dont l'écrivain se sent affligé et qu'il cherche à fuir. Flaubert se reproche de ne passer son temps qu'à « ruminer » ses souvenirs et ses chagrins : « Je suis devenu très timide, très paresseux, une vache stérile, une brute[3]. » Si les blasons animaliers prolifèrent dans la correspondance de Flaubert (l'ours, l'huître...), celui de la vache stérile et ruminante sert de toute évidence ici à évoquer l'oisiveté et l'incapacité d'écrire qui frappe l'écrivain au

1 Gustave Flaubert, *Correspondance*, éd. Bernard Masson, Paris, Gallimard, 1998, p. 661.
2 *Ibid.*, p. 666.
3 *Ibid.*, p. 663.

lendemain de sa ruine. Le ressassement des souvenirs s'est substitué à toute activité créatrice, comme la rumination d'une vache qui ne peut plus ni se reproduire ni produire de lait.

Par ailleurs, Flaubert contraste fréquemment dans les mêmes lettres les difficultés de son métier d'écrivain avec l'apparente facilité des métiers et loisirs des hommes qui l'entourent, son ami biologiste Pouchet et les petits bourgeois de Concarneau. Or, de quoi s'occupent-ils tous ? D'animaux précisément. Tandis que G. Pouchet dissèque poissons et reptiles devant son ami, les bourgeois que Flaubert côtoie au restaurant se consacrent entièrement à la chasse et à la pêche. Concernant Pouchet : « Aujourd'hui il m'a fait l'autopsie d'un serpent à sonnettes. Heureux les gens qui s'occupent des sciences ! Cela ne vous lâche pas son homme comme la littérature[4]. » Et concernant les bourgeois de Concarneau : « Je mange à table d'hôte et j'écoute les bourgeois du pays parler chasse et sardines. Ces messieurs passent régulièrement six heures par jour au café. Je les envie car ils ont l'air heureux[5]. » Dans les deux cas, le bonheur que Flaubert envie à ses contemporains, scientifiques ou chasseurs, c'est d'avoir trouvé chez les animaux matière à d'inépuisables discours. Ils exploitent joyeusement le corps des animaux. Tandis que le discours scientifique peut s'appuyer sur l'afflux régulier d'organismes à disséquer, la moindre prise suffit à engendrer pour les pêcheurs d'interminables conversations qui occupent le reste de leur journée. La littérature, au contraire « lâche son homme[6] », selon Flaubert, son objet est inconstant. La contemplation de la nature ne nourrit aucun discours chez l'écrivain, elle l'accule au mutisme : « Elle [la nature] nous enfonce dans le sentiment de notre néant et de notre impuissance[7]. » Si les conversations de chasse et de pêche suffisent à divertir les bourgeois, elles confrontent au contraire l'écrivain au « gouffre » de la « bêtise humaine[8] ».

Alors, l'écriture du conte, davantage qu'un simple passe-temps frivole, s'impose comme un véritable exercice thérapeutique, selon ces lettres. S'occuper « à quelque chose », « voir s['il] peut encore écrire une phrase », c'est en effet le moyen par lequel Flaubert envisage de se guérir de l'animalité stérile dont il se sent accablé. Il n'est d'ailleurs pas indifférent

4 *Ibid.*, p. 661.
5 *Ibid.*, p. 663.
6 *Ibid.*, p. 661.
7 *Ibid.*
8 *Ibid.*

que ce soit à la phrase que l'écrivain s'attaque en premier lieu. Elle est pour Flaubert, comme Barthes l'affirme dans « Flaubert et la phrase », « à la fois une unité de style, une unité de travail, et une unité de vie[9] », ce sans quoi il n'y a pas d'œuvre possible. Pour reprendre place parmi les hommes agissants de la cité, l'écrivain doit se consacrer exclusivement à sa composition, comme le biologiste à la dissection d'un organisme ou le chasseur à la traque d'un animal de forêt. C'est le travail sur les mots d'une phrase qui permet à Flaubert de s'extraire de l'oisiveté animale dont il se sent menacé, de se guérir du sentiment de néant et d'impuissance.

Or, comme j'aimerais le suggérer dans les pages qui suivent, les rapports analogiques qui s'esquissent entre écriture et animalité, mais surtout entre écriture et chasse de l'animal, constituent l'un des enjeux majeurs de « La Légende de Saint Julien l'Hospitalier ». De nombreuses études l'ont en effet déjà relevé : les motifs de la chasse, et du rapport de l'homme à l'animal représentent les modifications les plus importantes apportées par Flaubert à la trame de la légende qu'il hérite de la tradition. Alors qu'aucun des vitraux de la cathédrale de Rouen ou de Chartres n'inclut de scène de chasse, la *Légende dorée* dont Flaubert s'est inspiré se contente d'indiquer un goût du saint pour la chasse et de faire venir la malédiction qui s'abat sur lui de la bouche d'un cerf. C'est Flaubert qui imagine son héros entièrement captif d'une passion excessive pour le massacre des bêtes, et qui attribue à ces dernières un rôle prépondérant dans l'événement du double parricide[10].

Plusieurs critiques nous ont invités récemment à étudier de plus près le motif des animaux dans le conte, et particulièrement la manière

---

9 Roland Barthes, *Le Degré zéro de l'écriture*, Paris, Points, 1972, p. 142.

10 Pour rappel : dans la version de Flaubert, alors que la naissance de Julien a été précédée par deux prophéties successives, l'une annonçant au père un avenir de guerrier pour son fils, l'autre à sa mère le destin d'un saint, Julien reçoit d'un cerf une malédiction en vertu de laquelle il finira par tuer ses deux parents. Pour éviter tout risque de parricide, Julien fuit alors le château de ses parents, s'engage comme mercenaire dans des armées étrangères et finit par s'établir en Occitanie, où il se marie et se fait construire un palais. Or, c'est après avoir rompu la pénitence de chasse qu'il s'était imposée depuis son départ, que Julien, frustré de revenir bredouille d'une chasse cauchemardesque et croyant surprendre son épouse avec un amant, massacre ses propres parents qui, à la suite d'un long voyage, avaient finalement retrouvé la trace de leur fils. La ressemblance avec l'histoire d'Œdipe est certes frappante. Même volonté d'échapper à son destin, même compréhension retardée ici et là. Mais alors qu'Œdipe est confronté à la prédiction de la Pythie de Delphes, Julien est confronté à la malédiction d'un cerf qui parle au nom des victimes de sa folie meurtrière.

dont le texte de Flaubert intervient sur les frontières entre humanité et animalité telles qu'elles demeurent instituées au cours de la seconde partie du XIXe siècle. Pour la philosophe Élisabeth de Fontenay notamment, la légende conduit « vers l'énigme de ce qui subsiste, dans la culture occidentale moderne, du rapport occulté de l'homme à Dieu et à l'animal[11] ». Selon sa lecture, l'histoire de Julien fait référence au récit biblique de Nemrod, « grand chasseur devant Yahvé », qui présida, à la suite du Déluge, à la construction de la tour de Babel, et se trouva puni d'une mort humiliante. Pour de Fontenay, c'est toutefois le paganisme que Flaubert fait « résonner dans le christianisme », lorsqu'il mêle au mystère de la Rédemption celui de la métempsychose, « l'archaïque révélation selon laquelle, en tuant un animal, c'est peut-être le meurtre d'un parent que l'on commet[12] ». Plus récemment, Anne Simon a consacré un article au motif de l'animalité dans la légende, où elle discute la manière dont les récits de chasse remettent en cause l'humanité de Julien. Loin de se plier aux règles d'usage qui, au Moyen Âge, font de l'art de la chasse « une mise à mort culturalisée[13] », Julien s'adonne plutôt à « la jouissance primitive du meurtre[14] ». Cette pratique excessive de la chasse l'amène à transgresser la frontière qui sépare l'humanité de l'animalité, de sorte que la légende met à jour « en l'homme, une dimension animale originelle[15] ».

Ces deux études remarquables d'Élisabeth de Fontenay et d'Anne Simon informent en grande partie la lecture du conte que je voudrais proposer dans les pages qui suivent. Cependant, aucune de ces deux analyses ne s'attarde suffisamment à mon sens sur la dimension allégorique du personnage de Julien, le rapport de miroir qui s'établit entre chasse et écriture au cours du conte. Tout se passe comme si l'identité du meurtrier devait s'opposer naturellement à celle de l'artiste de même que le sentimentalisme d'autres personnages – Emma ou Frédéric – s'oppose à son style impersonnel. Or, entre la passion de tuer pour le plaisir de

11 Élisabeth de Fontenay, *Le Silence des bêtes – La philsophie à l'épreuve de l'animalité*, Paris, Fayard, 1998, p. 41.

12 *Ibid.* Pour une discussion des sources antiques de « La Légende », voir aussi Barbara Vinken, « Marked : Flaubert's "Légende de Saint Julien l'Hospitalier" and the Crux of Literature », *MLN*, vol. 122, n° 4, 2007, p. 830-847.

13 Anne Simon, « De la chasse au carnage dans "La Légende de Saint Julien l'Hospitalier" », *L'Esprit créateur*, vol. 51, n° 4, Hiver 2011, p. 34.

14 *Ibid.*

15 *Ibid.*

tuer incarnée par Julien et celle de nommer pour le plaisir de nommer – soit une certaine pratique esthétisante de la nomination qui caractérise en partie la poétique du conte – l'opposition n'est pas aussi catégorique que certains critiques nous le laissent entendre. En particulier, le motif de la trace, qui hante la légende depuis les premières scènes de chasse jusqu'à l'ultime référence au vitrail de Rouen, contribue à établir des rapports de miroir subtils entre la geste du personnage et l'écriture du conte, « l'écriture d'une aventure » et « l'aventure d'une écriture » pour reprendre la formule de Ricardou[16].

À un niveau élémentaire, le rapport à la trace rapproche tout d'abord le chasseur de l'écrivain dans la mesure où il les identifie tous deux à des lecteurs. Avant les fameuses scènes de chasse, Flaubert consacre de nombreuses pages à l'évocation de l'apprentissage de l'art, où Julien apprend à reconnaître les traces des animaux. De même, la légende est aussi connue, parmi tous les textes de Flaubert, pour la manière dont le narrateur s'y présente à la fin comme lecteur du vitrail de Rouen. Le vitrail est finalement érigé de façon ambiguë en trace originaire de la légende. Aux traces d'animaux apprises par cœur par l'apprenti-chasseur fait écho la trace visuelle dont la légende écrite ne serait qu'une traduction, qu'un développement particulier. Lorsqu'il s'agit de signer son œuvre, le narrateur se présente – non sans ironie, nous y reviendrons – comme le lecteur d'un texte anonyme, ouvert à tous.

Bien plus, le conte est régulièrement ponctué par l'effort du héros pour effacer ses propres traces – ce qui en fait une singulière réplique du narrateur flaubertien lui aussi soucieux de disparaître derrière le déploiement des choses évoquées. Du meurtre de la souris jusqu'à l'exil final qu'il s'impose après le parricide, en passant par les scènes de chasse et le premier exil en Occitanie, Julien ne cesse de disparaître et de se soustraire au regard de ses proches. Ce qui est caractérisé par de Fontenay et Simon comme une suite de métamorphoses du héros, pourrait aussi être décrit comme l'effort répété d'empêcher ses contemporains de le dépister, effort certes vain puisque le cerf, les parents, les animaux et le lépreux retrouvent successivement sa trace au cours de la légende.

Or, le geste d'effacer ses propres traces n'est pas un geste anodin eu égard à l'institution d'une frontière entre l'homme et l'animal, comme nous l'avons déjà envisagé au chapitre II à propos d'« Un spectacle interrompu »

16 Jean Ricardou, *Pour une théorie du nouveau roman*, Paris, le Seuil, 1971.

de Mallarmé. Dans *L'Animal que donc je suis*, Jacques Derrida souligne que ce pouvoir a souvent été invoqué dans la tradition philosophique occidentale comme un critère de clivage entre « le sujet humain d'une part » et « le non-sujet de l'animal en général d'autre part[17] ». Lacan concède notamment à l'animal, dans « Subversion du sujet et dialectique du désir dans l'inconscient freudien », le « pouvoir de tracer, de pister et de dé-pister mais non de dé-pister le dé-pistage et d'effacer sa trace[18] ». En d'autres termes, l'animal ne sait pas mentir, alors que l'homme se rend sujet du signifiant par sa capacité « de feindre de feindre et donc de pouvoir poser son pouvoir d'anéantissement de la trace[19] ». Au cours du chapitre « Et si l'animal répondait ? », Derrida s'attache à remettre en cause l'étanchéité de cette frontière. D'une part, l'indécidable entre inscription et effacement qui caractérise la structure de la trace compromet singulièrement l'effort de refuser à l'animal *en général* toute capacité d'effacer ses traces : « La simple substitution d'une trace à une autre, le marquage de leur différence diacritique dans la plus élémentaire inscription, celle que Lacan concède à l'animal, comment nier qu'elle comporte de l'effacement autant que de l'impression[20] ? ». D'autre part, poursuit Derrida, qu'est-ce qui garantit à l'homme le pouvoir d'effacer sa trace ? S'il n'est bien sûr pas question de contester la possibilité de l'effacer dans un espace phénoménalement circonscrit, la trace de l'effacement peut toujours faire retour, comme symptôme ou comme spectre :

> Les traces *(s')* effacent, comme tout, mais il appartient à la structure de la trace qu'il ne soit au *pouvoir* de personne de *l'*effacer ou surtout de « juger » de son effacement, encore moins d'un pouvoir constitutif assuré d'effacer, performativement ce qui s'efface[21].

Nul ne peut, pour Derrida, s'assurer du pouvoir d'effacer ses propres traces, parce que la trace est un indécidable, elle est à la fois ce qui installe le sens et ce qui le brouille, la marque de l'absence d'une présence, un présent toujours déjà absent.

Dans les pages qui suivent, nous voudrions montrer que c'est avant tout ce pouvoir, ou cette souveraineté du sujet par rapport à ses propres

17 J. Derrida, *L'Animal que donc je suis*, *op. cit.*, p. 164.
18 *Ibid.*, p. 176.
19 *Ibid.*, p. 179.
20 *Ibid.*, p. 185.
21 *Ibid.*, p. 186.

traces, qui est remis en cause par l'écriture du conte. À cet égard, le désaveu de la souveraineté du personnage renvoie allégoriquement à celui d'un certain idéal esthétique incarné par les premières extases du chasseur que l'émergence de la prophétie du cerf vient interrompre. Précisément, de quelle nature est cet idéal et que nous dit son interruption sur la poétique du conte ? Ce qui revient à se demander quel est le rôle des animaux dans ce processus, et en quoi le désaveu de la souveraineté meurtrière rêvée par Julien peut renvoyer à l'émergence d'une poétique de la trace.

TRACES ET RATURES : QU'EST-CE QUE LA CHASSE POUR JULIEN ?

Le premier meurtre d'un animal coïncide dans le conte avec l'apprentissage de l'écriture. Si de chacun de ses parents, Julien reçoit des enseignements qui se conforment à la dichotomie des genres – le chant par la mère et l'équitation par le père – il apprend aussi d'un vieux moine l'usage des signes graphiques :

> Un vieux moine très savant lui enseigna l'Écriture sainte, la numération des Arabes, les lettres latines, et à faire sur le vélin des peintures mignonnes. Ils travaillaient ensemble, tout en haut d'une tourelle, à l'écart du bruit[22].

Apprendre à écrire revient donc ici à apprendre à tracer des signes numériques, alphabétiques ou graphiques, en vue de la lecture de l'Écriture sainte.

Or, le mode d'apparition et de disparition de la souris – dans l'épisode du premier meurtre – s'apparente également à celui d'un signe graphique. L'animal apparaît en effet lors de la messe, blanc sur noir – « une petite souris blanche qui sortait d'un trou » et c'est par sa présence muette qu'elle parasite la parole vivante du prêtre[23]. De plus, l'événement du meurtre de la souris se conclut par l'effacement d'une trace :

22 Gustave Flaubert, *Trois contes*, Paris, « GF », 1986, p. 82.

23 *Ibid.*, p. 83. Cette scène fait d'ailleurs écho à la scène du catéchisme dans « Un cœur simple », où Félicité – illettrée – sanctifie les animaux à l'écoute des métaphores religieuses

> Au bout de très longtemps un museau rose parut, puis la souris tout entière. Il frappa un coup léger, et demeura stupéfait devant ce petit corps qui ne bougeait plus. Une goutte de sang tachait la dalle. Il l'essuya bien vite avec sa manche, jeta la souris dehors, et n'en dit rien à personne[24].

Outre le corps immobile de la souris, c'est un double effacement qui caractérise le meurtre : celui de la tache de sang et le silence de l'enfant qui « jeta la souris dehors, et n'en dit rien à personne ».

Il me semble significatif que dès son initiation au maniement des signes graphiques et alphabétiques, Julien les efface. Alors qu'il vient d'acquérir le pouvoir de dessiner et de déchiffrer les symboles – dont on sait qu'ils prolifèrent dans l'enceinte du château : les fleurs qui dessinent des chiffres dans le jardin, les armoiries des armées ennemies aux murs de la salle d'armes etc. – Julien se laisse fasciner au contraire par la facilité du meurtre et de l'effacement de ses propres traces. Ainsi, il ne fait pas l'expérience de sa supériorité sur les autres animaux par l'usage de la parole, ou la maîtrise d'un langage symbolique complexe, mais par le pouvoir de la feinte. La passion de Julien pour le meurtre, dès cet épisode initiatique, tient en grande partie à la possibilité de s'effacer au regard de l'animal, de passer inaperçu et surtout de passer son acte sous silence. Le jeu consiste à supprimer la vie d'un être, et à oublier aussitôt l'être supprimé pour en supprimer d'autres. Alors que la souris irrite l'enfant par sa présence parasitaire, et la récurrence régulière de ses apparitions, elle se révèle par contre – elle – bien incapable de dissimuler sa présence et ses traces, au contraire de l'apprenti-chasseur.

Est-ce toutefois vraiment à la chasse que l'enfant s'initie dans le conte ? Qu'est-ce que la chasse pour Julien ? Comme Anne Simon le rappelle dans son article « De la chasse au carnage dans "La Légende de Saint-Julien l'Hospitalier" », la chasse s'impose au Moyen Âge comme un art hautement civilisé, réservé aux nobles, mais surtout « comme une mise à mort culturalisée », organisée par des règles qui servent à contenir la sauvagerie de l'acte meurtrier[25]. Lorsque le père de Julien décide de transmettre l'art de la vénerie à son fils, il s'agit avant tout pour le

(*Ibid.*, p. 54-55).

24 *Ibid.*

25 A. Simon, « De la chasse au carnage dans "La Légende de Saint Julien l'Hospitalier" », art. cité, p. 34.

jeune homme d'apprendre à reconnaître et lire les traces des animaux sauvages, à apprendre à dresser des animaux de meute, à composer une meute, à mettre en place des pièges. C'est par la maîtrise d'un savoir et par l'étude de l'animal en son absence que l'apprenti-chasseur est censé exercer dans un premier temps son activité. Flaubert insiste également sur le contexte social dans lequel la chasse se déroule : non seulement le seigneur s'entoure d'une meute, et d'acolytes (piqueurs, etc.) mais les gens du peuple (« dames des alentours [...] avec leurs maris, les enfants, les camérières[26] ») sont aussi conviés à assister au spectacle de la chasse, et à ramasser les dépouilles des animaux morts. Ainsi, dans la description des chasses orchestrées que donne Flaubert, l'acte du meurtre lui-même – l'apogée de l'action – disparaît pour ainsi dire, entre son début et sa fin, les préparatifs du spectacle et le ramassage des dépouilles.

Or, c'est précisément de ces règles, de ce début et de cette fin de la fable cynégétique, que Julien se débarrasse. Il apprend certes « par cœur » ce que contient le cahier d'écriture « par demandes et réponses » (lire les traces des animaux, reconnaître leurs cris etc.), mais la meute élaborée que son père lui compose, de même que le contexte social dans lequel les chasses doivent se dérouler pour prendre tout leur sens, il les méprise comme de « commodes artifices[27] ». Julien préfère chasser « loin du monde, avec son cheval et son faucon[28] ». S'il aspire à une forme de souveraineté, elle ne correspond pas au rôle de seigneur tel que les règles de la chasse l'instituent. La chasse qui le passionne implique au contraire son immersion dans les éléments : « Les jours de brumes, il s'enfonçait dans un marais pour guetter les oies, les loutres, les halbrans[29]. » Tout se passe également comme si l'apprentissage « par cœur » des traces ne lui était d'aucune utilité, puisque les animaux viennent à sa rencontre sans qu'il ait besoin de les dépister. Depuis l'épisode de la souris jusqu'au carnage des cerfs, la nature substitue magiquement devant ses yeux des corps vivants aux corps morts, de sorte que la chasse s'apparente à une exploration presque passive d'une faune proliférante et infinie[30].

26 G. Flaubert, *Trois Contes*, *op. cit.*, p. 85.
27 *Ibid.*, p. 84.
28 *Ibid.*, p. 85.
29 *Ibid.*, p. 86.
30 Comme en témoigne le passage suivant : « Un chevreuil bondit hors d'un fourré, un daim parut dans un carrefour, un blaireau sortit d'un trou, un paon sur le gazon déploya sa queue ; et quand il les eut tous occis, d'autres chevreuils se présentèrent, d'autres daims,

Enfin, le mode sériel de ces chasses rend caduque toute préoccupation pour la dépouille des animaux. Julien ne peut s'encombrer du corps de ses proies, ce qui le dispense également de tenir compte du temps passé et confère un caractère onirique aux chasses : « Il était en chasse dans un pays quelconque, depuis un temps indéterminé, et par le fait seul de sa propre existence, tout s'accomplissant avec la facilité que l'on éprouve dans les rêves[31]. » De même que pour l'apprentissage de l'écriture – réduit au geste de l'effacement – Julien détourne donc, comme beaucoup de critiques l'ont déjà noté, l'art de la vénerie en une pratique du meurtre en série[32].

LE PERSONNAGE DE JULIEN COMME ALLÉGORIE DU NARRATEUR

C'est dans ce sens, il me semble, qu'une analogie entre le personnage et le narrateur de la légende commence à s'établir dès le récit des premières chasses de Julien. Plusieurs critiques (Claire Lyu, Anne Simon) nous invitent au contraire à concevoir un antagonisme entre « la nomination démiurgique[33] » du narrateur et la folie destructrice du chasseur : Julien détruit des vies en silence, alors que le narrateur nomme les vies détruites. Cependant, à la lecture des passages en question, il est difficile de ne pas se laisser interpeller par la suggestion d'une commune passion du narrateur et du héros pour la disparition, l'effacement de soi, ainsi que par les nombreuses correspondances entre le mode d'appréhension des bêtes par le héros et des mots par le narrateur. Au « tuer pour le plaisir de tuer » de Julien répond en écho le « nommer pour le plaisir de nommer » d'un narrateur qui, plus que dans tout autre texte de Flaubert, dépouille sa diction de toute trace d'énonciation personnelle

d'autres blaireaux, d'autres paons, et des merles, des geais, des putois, des renards, des hérissons, des lynx, une infinité de bêtes, à chaque pas plus nombreuses. » (*Ibid.*, p. 88.)

31 G. Flaubert, *Trois contes*, *op. cit.*, p. 88.

32 Voir en particulier Claire Lyu, « Flaubert's Proposition », *French Forum*, Volume 36, n° 2-3, printemps/automne 2011, et Didier Philippot, « Le Rêve des bêtes », *Revue Flaubert*, n° 10, 2010.

33 A. Simon, « De la chasse au carnage dans "La Légende de Saint Julien l'Hospitalier" », art. cité, p. 37.

(commentaires, jugements...) pour donner la vedette au déploiement, à l'apparition et à la disparition, des choses nommées. Comme Bart le remarque dans « Flaubert and Hunting », l'écrivain s'est entouré, pour l'écriture de la légende, de nombreux ouvrages de vénerie du XIIe siècle, dont *La Grande Vénerie* et *La Chasse royale*, dont il a extrait un large éventail de termes spécifiques, devenus rares ou tombés en désuétude au XIXe siècle[34]. Dans le passage qui évoque les premières leçons de vénerie et la composition de la meute notamment, l'abondance de termes spécifiques utilisés par le narrateur frise la surenchère, témoignant d'une sorte d'euphorie poétique à épeler des signifiants qui ajoutent, chacun, une nuance sémantique à la connaissance moyenne de la chasse qui, selon Bart, était celle de Flaubert avant d'entreprendre le conte :

> Un maître y démontrait à son élève l'art de dresser les chiens et d'*affaiter* les faucons, de tendre des pièges, comment reconnaître le cerf à ses *fumées*, le renard à ses empreintes, le loup à ses *déchaussures*, le bon moyen de discerner leurs *voies*, de quelle manière on les *lance*, où se trouvent ordinairement leurs refuges, quels sont les vents les plus propices, avec l'énumération des cris et les règles de la *curée*[35].

Les effets stylistiques produits par le caractère citationnel de ce passage – le narrateur se contentant d'énumérer ce que le vieux cahier énumère – ne se limitent pas à mon sens à l'effet de couleur locale souvent invoqué par la critique. L'apprentissage du langage de la chasse par Julien y reflète aussi, comme en miroir, le maniement expérimental que le narrateur fait de ce vocabulaire insolite. De même que le personnage apprend à décrypter les signes de la forêt, le narrateur nous expose à un usage défamiliarisant de mots qui semblent connus, ou s'apparentent à des mots connus : ainsi l'usage d'« affaiter » plutôt qu'« apprêter », de « fumées » pour la vapeur produite par les cerfs, de « déchaussures » pour les traces des loups, ou de « lancer des animaux » pour les « poursuivre ». Toutes ces nuances sémantiques enrichissent non seulement le monde fictionnel évoqué, mais elles permettent aussi à Flaubert – qui,

---

34 B. F. Bart, « Flaubert and Hunting : *La Légende de Saint Julien l'Hospitalier* », *Nineteenth-Century French Studies*, vol. 4, nº 1-2, Automne-Hiver 1975. Pour une étude exhaustive des sources utilisées par Flaubert pour l'écriture de « La Légende », voir aussi B. F. Bart et R. F. Cook, *Legendary Sources of Flaubert's Saint Julien*, Toronto, University of Toronto Press, 1977.

35 G. Flaubert, *Trois contes*, *op. cit.*, p. 84. C'est moi qui souligne.

selon sa *Correspondance*, ne craint rien autant que les assonances et les répétitions[36] – de varier le fonds de sonorités du passage.

Bien plus, le style nominatif de ce passage reflète aussi analogiquement le style de chasse que le narrateur attribue à son héros. Aussitôt nommés, les objets tombent en effet dans l'oubli. Si les animaux de la meute font l'objet d'un inventaire homérique, ils se trouvent balayés de la diégèse d'un revers de main, au terme de l'énumération. On peut bien sûr invoquer l'effet de contraste que le récit cherche à créer entre les chasses régulées et les chasses solitaires de Julien, mais cela n'enlève rien à la disproportion spectaculaire entre la surenchère nominative consacrée à la meute et sa disparition brutale de la diégèse. Les animaux nommés demeurent ainsi suspendus au statut éphémère d'artifices verbaux. De même que les bêtes chassées par Julien, les noms tels que « lévriers barbaresques [...] griffons [...] mâtins de Tartarie [...] talbots [...] bigles chanteurs [...] gerfauts d'Allemagne [...] chiens d'oysel[37] » résonnent momentanément dans l'espace du texte avant de se trouver à jamais relégués dans l'oubli. Tout se passe comme si nommer, c'était déjà congédier, faire disparaître.

Lorsqu'il évoque son idéal d'un style pur dans la *Correspondance*, Flaubert associe d'ailleurs fréquemment la forme musicale à l'incision d'une arme, le « stylet », dans le corps de l'idée. Ainsi, dans une lettre qu'il adresse à Louise Colet en 1852 :

> J'en conçois pourtant un, moi, un style : un style qui serait beau, que quelqu'un fera à quelque jour, dans dix ans, ou dans dix siècles, et qui serait rythmé comme le vers, précis comme le langage des sciences, et avec des ondulations, des ronflements de violoncelle, des aigrettes de feux, un style qui vous entrerait dans l'idée comme un coup de stylet, et où votre pensée enfin voguerait sur des surfaces lisses, comme lorsque l'on file dans un canot avec bon vent arrière[38].

Apparemment surprenante, la définition du style comme « coup de stylet » dans l'idée se justifie dans ce passage par une autre association, celle de la musicalité et de la précision scientifique, clinique, du langage. L'idéal d'un roman sur rien, comme Jacques Rancière le remarque dans *La Parole muette*, suppose une conception du style comme « l'exacte

36 G. Flaubert, *Correspondance*, *op. cit.*, p. 665.
37 G. Flaubert, *Trois contes*, *op. cit.*, p. 84-85.
38 G. Flaubert, *Correspondance*, *op. cit.*, p. 175.

identité d'un regard et d'une écriture[39] ». Dans une autre lettre à Louise Colet, Flaubert affirme : « Les œuvres les plus belles sont celles où il y a le moins de matière ; plus l'expression se rapproche de la pensée, plus le mot colle dessus et disparaît, plus c'est beau[40]. »

Ainsi, l'esthétique du meurtre que Julien préfère aux chasses régulées peut être lue comme une allégorie de l'idéal du style auquel rêve l'écrivain, plutôt que de s'y opposer frontalement, comme la destruction nihiliste à la nomination salvatrice. Cette dimension allégorique du personnage-chasseur est renforcée par l'accent que met le narrateur sur la plasticité des corps. Le vocabulaire descriptif est particulièrement précis et varié lorsqu'il s'agit d'évoquer la manière dont les corps des animaux sont maltraités :

> Le faucon ne tardait pas à descendre en *déchirant* quelque oiseau, [...]. Les deux bassets, tout de suite, se précipitèrent sur eux ; et, çà et là, vivement, leur *brisaient l'échine.* [...] Au sifflement de la première flèche, tous les cerfs à la fois tournèrent la tête. Il *se fit des enfonçures dans leur masse* ; [...] et leur corps avec leurs ramures emmêlées *faisaient un large monticule, qui s'écroulait, en se déplaçant*[41].

Flaubert utilise fréquemment dans ces passages un imparfait qui a pour effet d'intensifier ou de prolonger les scènes. Mais surtout, les corps d'animaux sont assimilés à une matière malléable, comme si le chasseur n'avait plus affaire à des êtres vivants. Toute forme d'altérité est remplacée par des surfaces, de la matière, qui réagissent de manières diverses à l'incision des armes[42]. Un sensualisme sadique se substitue à toute forme de confrontation entre le chasseur et sa victime. Si le chasseur ressent au cours de ces chasses une émotion, c'est l'irritation ou l'exaspération face à la résistance des animaux qui tardent à expirer, comme un sculpteur s'irriterait de la résistance de la matière ou un écrivain de l'insistance des assonances et des répétitions.

De plus, on assiste à la répétition d'un schéma narratif récurrent pour l'évocation de chaque meurtre, ce qui contribue à styliser l'événement, à en faire un archétype. Dans l'épisode de la chasse miraculeuse, tous

39 J. Rancière, *La Parole muette*, *op. cit.*, p. 104.

40 G. Flaubert, *Correspondance*, *op. cit.*, p. 156.

41 G. Flaubert, *Trois contes*, *op. cit.*, p. 86-88. C'est moi qui souligne.

42 Il faut se souvenir que Julien apprend à écrire en dessinant des signes sur des peaux de velin, de veaux mort-nés (*Ibid.*, p. 82).

les meurtres sont en effet caractérisés par une parfaite coïncidence entre regard et geste meurtrier :

> Un côté de l'horizon s'éclaircit ; et, dans la blancheur du crépuscule, il aperçut des lapins sautillant au bord de leurs terriers. Les deux bassets, tout de suite, se précipitèrent sur eux ; et, çà et là, vivement leur brisaient l'échine. [...] Au bout d'une branche, un coq de bruyère engourdi par le froid dormait la tête sous l'aile. Julien, d'un revers d'épée, lui faucha les deux pattes, et sans le ramasser continua sa route. [...] Au milieu du lac, il y avait une bête que Julien ne connaissait pas, un castor à museau noir. Malgré la distance, une flèche l'abattit, [...][43].

Le récit du carnage nous donne ainsi l'impression que les meurtres sont en fait accomplis dès l'apparition de l'animal dans le champ de vision du chasseur. Le geste meurtrier, souvent décrit par des phrases où l'arme elle-même (flèche, chien, faucon) est le sujet, semble entièrement subordonné au regard du chasseur, comme l'écriture devrait l'être au regard du styliste dans les lettres de Flaubert sur l'esthétique. Pourtant ce regard se caractérise par la pure apparition d'une silhouette dans l'espace visuel, il n'est jamais associé à la pensée, ou au savoir. C'est le lieu d'une stimulation sensorielle qui déclenche automatiquement, mécaniquement, la réaction du meurtre. Lorsqu'il a massacré les cerfs, Julien est ainsi décrit dans une attitude d'ahurissement : « Il contemplait d'un oeil béant l'énormité du massacre, ne comprenant pas comment il avait pu le faire[44]. » Nous retrouvons, en d'autres termes, appliqué ici à l'esthétique de la chasse, le motif cartésien de l'animal-machine, soit d'un corps entièrement captivé par les stimulations que le monde naturel exerce sur lui.

Lorsqu'il est question des changements d'identité de Julien occasionnés par les chasses, plusieurs critiques, dont Anne Simon, relèvent avec justesse le devenir-animal du héros. Les chasses animalisent Julien, dans le sens où elles l'aliènent de ses proches – le vieux moine et sa propre mère auxquels il ne répond plus – et dans le sens où il fait l'expérience d'une vie sauvage. Le constat de cette animalisation du chasseur mérite toutefois à mon sens d'être compliqué par son association, dans le conte, à un mode de souveraineté excessif. L'animalisation de Julien ne peut être dissociée de son ivresse d'une souveraineté « hors-la-loi », où le

43 G. Flaubert, *Trois contes*, *op. cit.*, p. 87-88.
44 *Ibid.*, p. 89.

chasseur se découvre un pouvoir absolu de vie et de mort sur les habitants de la forêt. Il ne s'agit à aucun moment pour Julien de s'identifier à « l'animalité » des bêtes, de vouloir faire partie des habitants de la forêt, de s'y exiler et d'adopter leur mode de vie[45]. Ce n'est en fait qu'en agissant comme la bête la plus bestiale, une bête qui s'attaquerait aux autres indépendamment de la nécessité de survivre, par pur plaisir du meurtre, que Julien « s'animalise ».

Dans la première partie de *La Bête et le Souverain*, Derrida insiste sur le fait que le concept de souveraineté en Occident accorde au souverain le droit exceptionnel de se placer au-dessus du droit, ce qui lui confère une puissance quasi divine et le fait, en même temps, ressembler à la bête qui se tient, elle aussi, à l'écart de la loi :

> Il y a entre le souverain, le criminel, et la bête une sorte d'obscure et fascinante complicité, voire une inquiétante familiarité, une *unheimliche*, *uncanny*, hantise réciproque. Tous deux, tous trois, l'animal, le criminel et le souverain sont hors la loi, à l'écart ou au-dessus des lois ; le criminel, la bête et le souverain se ressemblent étrangement alors qu'ils ont l'air de se situer aux antipodes l'un de l'autre[46].

Julien est bien sûr animalisé à la fois par le refus de *répondre à* ses proches, et par le plaisir qu'il éprouve à ne plus *répondre de* ses actes. Mais précisément, ces caractéristiques du devenir-animal sont présentées dans le conte comme un pouvoir quasi divin, les prérogatives d'une souveraineté d'exception, où le respect des lois est suspendu par le souverain. Ce n'est pas un hasard si, privé de chasses, Julien se représente dans ses rêves « comme notre père Adam[47] » dans un paradis d'avant la Chute. Le plaisir du massacre correspond pour lui à l'acte originel d'imposer des noms aux animaux : vivre au-dessus des lois et fonder la loi s'associent dans son imaginaire. Alors que le père de Julien est présenté comme un souverain pacifique, qui se plaît à rendre la justice dans son royaume, à prodiguer des conseils aux manants, à chasser selon les règles, Julien fait l'expérience de l'envers brutal et

45 À cet égard, le contraste entre Julien et le personnage de Félicité dans « Un Cœur simple » est frappant. Félicité considère, en effet, les animaux comme des semblables, contrairement à Julien. Son rapport aux animaux est dès la première scène de catéchisme jusqu'à l'adoption de Loulou, déterminé par la compassion et l'amour de Dieu.

46 Jacques Derrida, *La Bête et le Souverain*, Paris, Galilée, 2006, Volume 1, p. 38.

47 G. Flaubert, *Trois contes*, *op. cit.*, p. 94.

exceptionnel de la souveraineté, où le souverain se permet de se rendre aussi étranger à la loi qu'une bête sauvage, exerçant sur ses sujets un droit de vie et de mort.

SOUVERAINETÉ EN JEU

Or, c'est précisément ce mode exceptionnel de souveraineté qui se trouve compromis par la malédiction du grand cerf : « Maudit ! maudit ! maudit ! Un jour, cœur féroce, tu assassineras ton père et ta mère[48] ! ». Seule et unique parole d'un animal dans le conte, cette malédiction est prononcée par un grand cerf aux allures de patriarche et de justicier, père d'une famille qui, comme plusieurs critiques l'ont remarqué, reflète symboliquement celle de Julien. De par la posture christique du cerf sacrifié – une flèche entre ses deux cornes – le caractère prodigieux de sa prise de parole, et l'ajustement de ses mots au tintement d'une cloche, la vérité fatale qu'il prononce est inévitablement comprise par Julien comme une communication de l'au-delà. C'est au nom de Dieu que le grand cerf ébranle la souveraineté quasi divine que Julien s'est octroyée dans la forêt. La malédiction s'impose ainsi, non seulement comme la seule parole d'un animal, mais surtout comme la seule trace du carnage que le chasseur emporte avec lui : à la place des dépouilles d'animaux tués, l'écho d'une malédiction.

Or, le langage de cette malédiction est double. La phrase prononcée par le cerf peut être comprise de manières différentes. Littéralement, elle peut être comprise comme l'annonce d'une sanction, d'un arrêt divin. Le cerf annonce à Julien le moyen par lequel son crime sera puni. Un jour, quelle que soit sa conduite future, Julien assassinera ses parents : c'est la punition que Dieu lui réserve. Il convient de souligner que, selon cette lecture, ce qui est désigné sans ambiguïté comme un crime, c'est le massacre excessif d'animaux. La phrase ne détaille certes pas en quoi ce massacre constitue un crime passible du parricide. Est-ce la quantité industrielle de bêtes abattues ? Le fait d'avoir transgressé les règles de la chasse ? L'absence de compassion lors du massacre de la famille de cerfs ?

48 *Ibid.*, p. 89.

Mais elle impose dans tous les cas une prise en compte de la vie des animaux sauvagement tués. Le fait de les avoir massacrés est sanctionné d'une peine dont le chasseur devra un jour s'acquitter.

Julien, cependant, n'entend pas la malédiction de cette oreille. Le « un jour » du parricide (« [...] un jour, cœur féroce, tu assassineras ton père et ta mère. »), il ne le comprend pas comme la date encore indéterminée d'une sanction qui est déjà arrêtée, mais plutôt comme une conséquence qui découlera de sa pratique future de la chasse, ainsi qu'en témoigne sa résolution – en deux temps – de ne plus chasser. « *À force de* massacrer des animaux (et non *parce que* tu en as massacré), tu finiras, un jour, par tuer ton père et ta mère. » Ainsi, la prophétie prend une valeur performative, le cerf fait quelque chose de plus que d'annoncer l'assassinat futur, il établit pour Julien un rapport mystérieux entre massacrer des animaux et tuer ses parents. Julien se trouve intimement convaincu que « du meurtre des animaux dépendait le sort de ses parents[49] ». Le sentiment de culpabilité se déplace. Le chasseur ne se sent pas coupable d'avoir massacré des êtres vivants, mais d'avoir désiré inconsciemment la mort de ses parents à travers ce massacre. C'est la possibilité d'un crime futur, le parricide, révélée par le désir inconscient, et non la réalité d'un crime déjà commis, ou d'une sanction à venir, qui terrorise le personnage. La vie des animaux ne le préoccupe que dans la mesure où leur meurtre pourrait conduire – de manière aussi irrationnelle qu'inéluctable – au parricide. La cruauté qui l'anime ne devient un mal à ses yeux que dès l'instant où il la découvre dirigée contre ses propres parents[50].

Dans *La Bête et le Souverain*, Derrida commente la logique sacrificielle propre à plusieurs discours philosophiques sur l'animal, logique selon laquelle l'animal se voit attribuer le rôle d'un mémento, ou d'un représentant de l'humain, quand il est victime de violences. Pour Lacan notamment, selon le commentaire qu'en fait Derrida, la cruauté est toujours dirigée contre d'autres humains : « C'est toujours mon semblable

49 *Ibid.*, p. 94.

50 Les épisodes successifs du parricide et du matricide manqués dramatisent tous deux les tours que ce désir inconscient joue au personnage. Ses bras laissent tout d'abord échapper l'épée sarrasine qui manque de peu de décapiter son père (p. 90). Il lance ensuite un javelot sur le bonnet de sa mère, l'ayant confondu avec les ailes d'une cigogne (p. 91). Ses mains ne font plus désormais ce qu'il veut, alors que ses yeux ne peuvent plus lui garantir la moindre certitude quant à l'identité des signes qu'il perçoit.

que je vise dans un être d'une autre espèce. Il reste donc que je ne peux être soupçonné de cruauté à l'égard d'un animal que je fais souffrir de la pire violence, je ne suis jamais cruel à l'égard de l'animal *comme tel*[51]. »

De la même manière, dans « La Légende », le meurtre du grand cerf acquiert après coup une fonction sacrificielle dans l'interprétation que Julien fait de sa prédiction. S'il l'abat sans plus de considération que les mille autres bêtes précédentes, son image de patriarche et de justicier devient ensuite indissociable de la terreur du parricide et donc des nouvelles règles de vie que s'impose Julien pour contenir cette violence[52]. L'animal devient, dans son interprétation de la prédiction, un substitut du père sacrifié qui lui permet de prévenir le meurtre des vrais parents et de sauvegarder ainsi l'ordre social. Ce que Julien sacrifie dès cet épisode, davantage que l'usage de la violence, c'est précisément le caractère a-social, sauvage, de sa vie de chasseur. De fait, sa première fuite hors du château correspond également au premier épisode d'acculturation réussie du conte. Alors qu'il avait rejeté les rituels de la chasse prévus par son père pour son éducation, il se résout à se composer une armée, puis à prêter main forte à d'autres souverains, avant d'épouser la fille de l'Empereur d'Occitanie, et de devenir le seigneur de son palais. Julien ne renonce pas – loin s'en faut – à la violence meurtrière, comme en témoigne la longue énumération de ses victimes qui se trouvent d'ailleurs animalisées ou assimilées à des monstres (« des Scandinaves recouverts d'écailles de poisson, des Nègres munis de rondaches en cuir d'hippopotame et montés sur des ânes rouges [...] la guivre de Milan et le dragon d'Oberbirbach[53] »). Mais ces massacres sont désormais légitimés par la raison d'état : les victimes sont des ennemis qui lui sont désignés comme tels par d'autres souverains. Julien agit en justicier, il tue pour délivrer des reines, libérer des peuples, chasser des tyrans, notamment lorsqu'il prête secours à l'empereur d'Occitanie contre le Calife qui opprime son peuple.

---

51 J. Derrida, *La Bête et le Souverain*, *op. cit.*, p. 154. – Pour une analyse détaillée de l'usage de cette logique sacrificielle dans un compte rendu poétique de la cruauté exercée sur les animaux, voir Ellen S. Burt, « Limitrophic animals : Animals, Aesthetics and Poetics in Gautier's *Voyage hors barrières* », *Dix-Neuf*, vol. 93, n° 3, 2015, p. 228-243.

52 Cette fonction a posteriori sacrificielle du grand cerf fait écho au mythe originaire du meurtre du père dans *Totem et Tabou* de Freud, même si dans le conte de Flaubert, la culpabilité ne se partage pas entre frères (S. Freud, *op. cit.*, p. 123-145).

53 G. Flaubert, *Trois contes*, *op. cit.*, p. 92.

Ce nouveau rôle de justicier implique la renonciation à la souveraineté d'un hors-la-loi et à l'invisibilité dont il jouissait lors de son adolescence. Il est ainsi significatif que le palais dont il devient le seigneur soit caractérisé par le silence qui rend perceptible aux sens le moindre bruit, et la moindre présence étrangère. Alors que le château de ses parents, riche en replis, en équivoques, se prêtait au trompe-l'oeil, le palais d'Occitanie baigne dans la transparence. Le narrateur évoque au cours de sa description la manière dont les sens sont flattés ou apaisés par cet espace, il insiste sur l'harmonie entre le silence, la lumière et l'air rafraîchissant (la forêt dessine un éventail), comme si toute trace d'histoire, toute présence du passé, en avait été écartées. Le souverain se trouve aussi désormais exposé au regard d'un peuple qui l'adule : « Il se reposait, entouré d'un peuple tranquille ; et chaque jour, une foule passait devant lui, avec des génuflexions et des baisemains à l'orientale[54]. » Ainsi, dans ses rêves de chasse, c'est précisément sa propre invisibilité que Julien désire. Il voudrait jouir d'un corps inaccessible aux autres mortels (« courir sur les déserts », « être caché dans les bambous », « au sommet des monts les plus inaccessibles », « À l'ombre d'une caverne[55] »).

L'épisode de la deuxième chasse, construit dans un rapport de symétrie et d'opposition parfaite avec le premier, achève d'ébranler définitivement la souveraineté du personnage. C'est, tout d'abord, à un désaveu radical de la logique sacrificielle établie depuis la malédiction du cerf que nous avons affaire dans cet épisode. Le rapport de substitution entre les animaux et les parents s'y dénoue, en effet, dès le début de l'épisode, où l'épouse de Julien expose à son mari l'absurdité de cette association :

> Elle la [son horrible pensée] combattit, en raisonnant très bien : son père et sa mère, probablement, étaient morts ; si jamais il les revoyait, par quel hasard, dans quel but, arriverait-il à cette abomination ? Donc, sa crainte n'avait pas de cause, et il devait se remettre à chasser[56].

Persuadé par le discours raisonnable de son épouse, Julien se remet en chasse, un soir d'août. Mais, ironiquement, tout se passe comme si la désacralisation du lien mystérieux entre parents et animaux réduisait également à néant ses talents de chasseur. Alors que dans la scène du

54 *Ibid.*, p. 94.
55 *Ibid.*
56 *Ibid.*, p. 98.

carnage, la vue des animaux était quasiment synonyme de leur mort, ici les mouvements des animaux prennent le chasseur de court :

> Le bois s'épaissit, l'obscurité devint plus profonde. [...] Tout à coup, derrière son dos, bondit une masse plus noire, un sanglier. Julien n'eut pas le temps de saisir son arc, et il s'en affligea comme d'un malheur[57].

On assiste ainsi à une rupture de l'accumulation quasi magique selon laquelle les animaux apparaissaient et mouraient dans la scène du carnage. Le narrateur met ici l'accent sur la disjonction entre le regard et l'action qui affecte les premières rencontres d'animaux dans la forêt. Le regard du chasseur est dans cet exemple doublement surpris par la confusion entre le sanglier et l'ombre, et par la rapidité du mouvement de l'animal. Plus loin, des hyènes surgissent de « l'ombre indécise des tombeaux », et lorsque Julien veut les affronter, leurs mouvements se déploient dans toutes les directions, de sorte que ses flèches n'ont plus aucun effet. La quasi simultanéité entre regard et geste est définitivement défaite, détraquée. Les animaux semblent faire faux bond à la logique sacrificielle, ainsi qu'au régime de substitution auxquels ils étaient assujettis dans la scène du carnage. Leurs apparitions et leurs disparitions ne coïncident plus désormais avec le désir destructeur du héros.

Pis encore, chacun des animaux mentionnés revient après sa première apparition : « Et tous les animaux qu'il avait poursuivis se représentèrent, faisant autour de lui un cercle étroit[58]. » La consommation de nouvelles bêtes et de nouveaux espaces successifs qui caractérisait la scène du carnage cède ici la place à un espace formé par l'agglomération de bêtes qui surgissent de toutes parts ou reviennent sur les traces du chasseur :

> Il y avait dans son feuillage un choucas monstrueux, qui regardait Julien ; et, çà et là, parurent entre les branches quantité de larges étincelles, comme si le firmament eût fait pleuvoir dans la forêt toutes ses étoiles. C'étaient des yeux d'animaux, des chats sauvages, des écureuils, des hiboux, des perroquets, des singes[59].

Dans ce passage, l'espace n'abrite pas des animaux, il se tisse littéralement de leurs regards, qui sont comparés à des étoiles que le ciel « fait

57 *Ibid.*, p. 97.
58 *Ibid.*, p. 98.
59 *Ibid.*

pleuvoir » entre les branches des arbres. Cette comparaison ne manque pas de rappeler par contraste l'image de la nuit qui tombe dans la scène du carnage, où c'est un ciel « rouge comme une nappe de sang[60] » qui apparaît entre les branches. En reprenant le motif visuel du ciel entre les branches, Flaubert annonce ainsi le basculement du *voir* à *l'être vu* qui a lieu entre la première et la seconde scène de chasse. À la nappe de sang du carnage, se substitue le regard des animaux que cette nappe recouvrait. Tant que les animaux sont assujettis à un rythme successif d'apparitions et de disparitions dont le chasseur est la source, leur regard ne peut pas apparaître. Mais lorsque ce rythme est interrompu et que les flèches cessent d'atteindre leurs cibles, le chasseur se voit vu par les bêtes de la forêt.

Or, le motif des yeux d'animaux entre les branches ne fait pas seulement écho à une scène antérieure de la légende, il évoque aussi par analogie la forme du vitrail que Flaubert désigne à la fin de la légende comme trace originaire de son récit. Comme Shoshana Felman le remarque dans « La signature de Flaubert », le vitrail est en effet une forme ambiguë, sorte d'intermédiaire entre la fenêtre et la peinture. Fenêtre opaque, elle s'interpose entre le regard et le monde extérieur, mais dépend en même temps elle-même de la lumière extérieure pour que ses figures deviennent visibles[61]. De plus, à l'image du motif des branches d'arbres entre lesquelles le ciel apparaît, le vitrail, en tant que support matériel, se compose de garnitures de plomb qui séparent et ajointent les différentes figures ou épisodes représentés. Ces garnitures de plomb ont à la fois pour fonction de distinguer les images et de les tenir ensemble sur une même surface, de sorte que l'oeil du spectateur a le loisir de suivre le récit sur un mode linéaire ou de le lire en fonction des correspondances visuelles entre les différentes scènes représentées. Cette dernière forme de représentation favorise les rapports de contiguïté entre les éléments du récit, plutôt que d'en suivre le mode linéaire au gré des apparitions et des disparitions.

Les animaux de cette scène, dans le récit, ont bien sûr une mobilité et une présence corporelle qui ne correspondent pas à des figures peintes. Ils se manifestent par des mouvements du corps variés, par leurs cris,

60 *Ibid.*, p. 89.

61 Shoshona Felman, « La Signature de Flaubert : "La légende de Saint Julien l'Hospitalier" », *Revue des sciences humaines*, vol. 53, nº 181, janvier 1981, p. 55.

le toucher de leurs pattes et leurs odeurs. Ce n'est pas en vertu du statisme pictural des personnages que l'esthétique du vitrail est évoquée. Par contre, la manière dont les animaux se présentent autour de Julien dans ce passage semble bien évoquer la forme du vitrail. Les corps des animaux saturent, en effet, l'espace de diverses manières, comme les motifs d'un vitrail saturent le verre d'une fenêtre. En utilisant l'imparfait pour toutes les actions des animaux décrites, le narrateur évoque la permanence de processus qui se greffent les uns aux autres. En outre, comme pour les figures d'un vitrail, quelque chose de spectral caractérise le mode de présence des animaux. Ils disparaissent instantanément dès qu'une limite extérieure à l'espace de la forêt – le faîte de son palais – est reconnue par Julien. Surtout, bien que leur présence opprime Julien, ils l'accompagnent plutôt qu'ils ne l'agressent (« Tout en l'observant du coin de leurs prunelles, ils semblaient méditer un plan de vengeance ; [...][62] »). Leur intervention consiste à dévier et différer l'acte du meurtre, soit à installer les conditions de l'événement à venir plutôt que de le produire.

Ainsi, la posture du héros s'apparente dans ce passage à celle d'un renoncement forcé à sa souveraineté antérieure. Alors qu'il était représenté dans la scène du carnage comme le possesseur d'une libre volonté s'exerçant sur de la matière malléable, il devient ici un corps qui subit la présence oppressante d'autres corps, comme en témoignent les nombreux passages où Julien est l'objet des actions (« assourdi par le bourdonnement des insectes, battu par des queues d'oiseau[63] »). La liberté insolente avec laquelle les animaux se meuvent autour de lui fait ainsi contraste avec leur docilité antérieure, lorsqu'ils étaient assujettis au jeu de substitution de corps tous semblables. Le « plan de vengeance » qu'ils semblent méditer fait écho, quant à lui, à l'interprétation de la prédiction du cerf que la lecture de Julien avait occultée, à savoir l'annonce du parricide comme sanction des massacres commis plutôt qu'avertissement : (« Un jour, il faudra que tu t'acquittes de ce massacre. », semblent-ils dire, plutôt que : « À force de chasser, tu en viendras à tuer tes parents. ») En d'autres termes, les animaux agissent avec ironie dans le récit de Flaubert (« Une ironie perçait dans leurs allures sournoises[64]. »), ils ne

62 G. Flaubert, *Trois contes*, *op. cit.*, p. 99.
63 *Ibid.*
64 *Ibid.*

sont pas réduits à de simples substituts sacrificiels. En faisant obstacle aux progrès du chasseur dans la forêt, ils le conduisent vers le lieu où la prophétie doit se réaliser, soit dans sa propre demeure.

Or, si le stylet du meurtrier allégorisait dans la scène du carnage l'aspect nominatif et musical, quasi cratylien du style flaubertien, que nous apprend sur la poétique du conte l'abandon des armes et de la logique sacrificielle ? Tandis que les corps d'animaux transpercés par les flèches du chasseur faisaient écho à la profération de « noms sonores » par le narrateur, force est de constater que le seul animal sur lequel Julien met la main dans cet épisode charnière est une perdrix « et morte depuis longtemps, pourrie[65] ». De même, le registre sublime des chasses excessives et meurtrières a cédé la place à un registre plus trivial, où ce sont les désagréments du corps provoqués par le bourdonnement des insectes, les pincements des singes, le suffoquement des haleines qui affectent le personnage. Précisément, la déchéance du chasseur coïncide dans ce passage, comme dans toute la deuxième partie du conte, avec l'émergence d'une poétique qui consiste moins à exalter l'expérience d'un *je* qu'à l'exposer au *jeu* d'éléments antérieurement introduits dans la première partie. L'art narratif repose désormais sur la manière de faire revenir et de réunir dans un même espace les protagonistes de la première partie. Ainsi, un changement formel significatif intervient dans le chapitre II, juste avant l'épisode commenté. Le narrateur se défait momentanément du point de vue de Julien pour intercaler un événement qui se produit simultanément à celui de la chasse cauchemardesque : l'accueil des parents par son épouse. Une scène d'hospitalité qui a lieu à l'insu du seigneur se juxtapose au récit de ses faits et gestes successifs, sur le mode de la représentation en vitrail, comme si le personnage n'était plus la source unique de l'intrigue ou des événements qui lui arrivent. C'est à partir du croisement de ces deux événements que la tragédie se noue, de même qu'elle avait été amorcée par le croisement de deux prophéties, l'une annoncée à la mère, l'autre au père, au début de la légende.

Dans ce sens-là, il ne semble pas abusif de parler de l'émergence d'une poétique du vitrail dans la deuxième partie de la légende, poétique représentée allégoriquement par la déchéance de Julien. Loin des ressemblances et des différences de contenu entre le vitrail de Rouen et la légende que

65 *Ibid.*

la critique a suffisamment recensées, il s'agit plutôt ici de faire valoir les virtualités formelles (stylistiques ou poétiques) du médium que le romancier intègre dans la légende, et en particulier le mode sur lequel l'événement tragique est rendu possible par la contiguïté et l'enchevêtrement parfois trivial ou accidentel des protagonistes et des éléments de la diégèse.

Dans un passage très souvent cité de sa correspondance, Flaubert complique ainsi l'idéal esthétique du stylet en parlant d'une dualité visée par ses œuvres :

> Il y a en moi, littérairement parlant, deux bonshommes distincts : un qui est épris de *gueulades*, de lyrisme, de grands vols d'aigle, de toutes les sonorités de la phrase et des sommets de l'idée ; un autre qui fouille et creuse le vrai tant qu'il peut, qui aime à accuser le petit fait aussi puissamment que le grand, qui voudrait vous faire sentir presque *matériellement* les choses qu'il reproduit ; celui-là aime à rire et se plaît dans les animalités de l'homme[66].

Certes, « La légende de Saint Julien l'Hospitalier » ne comporte que peu d'éléments caractéristiques du genre de satire réaliste ou sociale auquel Flaubert semble faire allusion dans ce passage, en l'opposant au lyrisme. L'attention au « petit fait » qui marque la deuxième partie du conte, la manière dont le romancier fait dépendre l'action tragique de certaines contingences matérielles, ainsi que le soin presque clinique apporté aux évolutions du corps du héros incitent cependant à concevoir ce texte comme le lieu d'un croisement entre les deux aspirations esthétiques évoquées.

L'ÉVÉNEMENT MATÉRIEL DU MEURTRE

La scène du parricide s'impose d'ailleurs comme un exemple éloquent du croisement entre ces deux styles. Si le meurtre des parents peut avoir lieu, c'est à cause de l'opacité des vitraux qui « obscurcissaient la pâleur de l'aube[67] ». Sur un mode moins dramatique que la tombée d'une nuit profonde ou que l'aveuglement du protagoniste, il s'agit là d'une forme

---

66 G. Flaubert, *Correspondance*, *op. cit.*, p. 154-155.
67 G. Flaubert, *Trois contes*, *op. cit.*, p. 100.

matérielle – les garnitures de plomb – qui s'interpose entre la lumière et la chambre, et rend l'identification des visages impossible.

Le rôle du vitrail dans cette scène relaie ainsi celui des animaux dans le passage précédent. Le vitrail aveugle Julien dans un premier temps, avant d'éclairer de son « reflet écarlate[68] », une fois le meurtre accompli, le sang des victimes. La présence opaque des animaux, ainsi que leur regard muet sur les lieux du crime, se déplacent métonymiquement de l'extérieur du palais à la limite entre extérieur et intérieur que constitue le vitrail.

Davantage, ce déplacement métonymique entraîne un autre déplacement. On passe d'une représentation analogique du vitrail dans la forêt à son émergence littérale en tant que structure performative qui précipite l'action. Alors que les animaux opposaient au chasseur leurs « allures sournoises[69] », le plomb du vitrail expose le héros à un aveuglement, une syncope de l'entendement, suivis d'une reconnaissance tardive. À la manière d'un rébus énigmatique, le vitrail installe Julien dans un espace où l'identité des corps fluctue avant la révélation du parricide. Ainsi, le personnage adopte dans ce passage une posture analogue à celle du lecteur de la légende. Le vitrail fait au héros ce que la légende fait aux lecteurs à plusieurs reprises, lorsqu'elle interrompt notamment sa narration par des blancs entre épisodes. Dans son article « Flaubert's Proposition », Claire Lyu résume bien la fonction des blancs dans la légende :

> Les blancs signalent que nous sommes en train de pénétrer dans un domaine différent (comme dans les deux épisodes de chasse, par exemple) ; ou de faire face à des changements cruciaux (comme lors de la disparition de Julien après le parricide et au moment de l'apparition du lépreux) ; ou de passer à travers de vastes distances spatio-temporelles (comme entre les trois parties de l'histoire). Ils incarnent l'interruption, la répétition, et la transition. Ce sont des passages que Julien, ainsi que les lecteurs, doivent négocier[70].

Alors que Claire Lyu considère la rivière du dernier épisode comme la matérialisation de ces blancs dans l'univers fictionnel, il me semble que les garnitures de plomb du vitrail interviennent déjà de manière décisive sur le même mode au moment du meurtre. L'obscurcissement de la pièce

68 *Ibid.*
69 *Ibid.*, p. 99.
70 C. Lyu, « Flaubert's Proposition », art. cité, p. 46. C'est moi qui traduis.

suivi de l'éclairage des taches rouges peut être lu comme un événement comparable à ce qui nous arrive quand un blanc intervient dans le texte : l'action linéaire interrompue, le blanc aveugle momentanément, arrache au monde connu pour nous projeter dans un autre monde.

L'évocation du parricide tragique comme un événement de lecture ne s'arrête pas là. Une fois le meurtre accompli, c'est en effet le vitrail qui est représenté comme une figure d'écriture : « Le reflet écarlate du vitrail, alors frappé par le soleil, éclairait ces taches rouges, et en jetait de plus nombreuses dans tout l'appartement[71]. » Comme Shoshana Felman l'a remarquablement formulé : « À sa dernière apparition à l'intérieur de la légende, le vitrail – frappé par la lumière – devient une figure même de l'écriture : une figure du prisme optique du langage en tant que déterminant, contraignant, motivant la performance de l'homme-plume[72]. » Le vitrail représente le style absolu, pensé par Flaubert comme une exacte coïncidence entre un regard, qui tombe sur les taches de sang et une écriture, qui les multiplie dans l'espace de la chambre. Or, si tel est le cas, le personnage qui contemple après coup le résultat de son acte meurtrier devient un lecteur. Julien déchiffre le signe hiéroglyphique, le rébus qu'il a contribué, entre autres facteurs, à rédiger.

On se souvient que, dans la première partie du récit, son apprentissage de la lecture et de l'écriture coïncide avec le premier meurtre de la souris, que l'enfant anéantit comme on efface un gribouillage : c'est à ce moment de la légende, par l'acte d'effacer une goutte de sang, que Julien s'initie au meurtre. Dans la scène du parricide, le sang ressurgit cette fois comme une écriture indélébile, que le meurtrier ne peut plus désormais effacer du lit où elle s'inscrit :

> Son père et sa mère étaient devant lui, étendus sur le dos avec un trou dans la poitrine ; et leurs visages, d'une majestueuse douceur, avaient l'air de garder comme un secret éternel. Des éclaboussures et des flaques de sang s'étalaient au milieu de leur peau blanche, sur les draps du lit, par terre, le long d'un christ d'ivoire suspendu dans l'alcôve[73].

La blancheur des surfaces sur lesquelles le sang s'étale – peau blanche, draps, christ d'ivoire – renforce l'impression du sang comme inscription.

---

71 G. Flaubert, *Trois contes*, *op. cit.*, p. 101-102.
72 S. Felman, « La Signature de Flaubert », art. cité, p. 56.
73 G. Flaubert, *Trois contes*, *op. cit.*, p. 100.

Dans le passage qui suit cette citation, Flaubert prend le soin de décrire dans le détail la trajectoire du regard de Julien, du sang sur l'un puis l'autre corps. Il s'attarde sur le lent processus de reconnaissance qui finit par convaincre le personnage que la prophétie du cerf s'est réalisée. Ses yeux cherchent à identifier le signe décisif qui confirmera le parricide (la « prunelle éteinte[74] » du père, le visage de la mère) tandis que ses mains l'assistent dans cette reconnaissance, soupesant les corps et éclairant sa vue d'un flambeau. Le détail de cette vision « après coup » est d'autant plus remarquable qu'elle se distingue en tous points du mode de vision qui caractérisait les premières chasses de Julien, où le regard correspondait à l'action de viser, de saisir et d'anéantir. Suite à la disjonction entre regard et geste qui intervient lors de la chasse « cauchemardesque », on retrouve une unité entre mains et yeux, mais motivée désormais par un acte de reconnaissance, dissociée de toute autre action que celle de lire, de déchiffrer. L'écriture du sang va d'ailleurs donner lieu à la répétition traumatique de l'événement dans les rêves de Julien au cours de la dernière partie de la légende : « Le soleil, tous les soirs, étalait du sang dans les nuages ; et chaque nuit, en rêve, son parricide recommençait[75]. »

La reconnaissance du corps des parents s'apparente certes à un événement de lecture, mais une lecture où les signes déchiffrés se révèlent à la fois complètement intelligibles et parfaitement énigmatiques. Si en effet, elle complète la prophétie du grand cerf (comme l'annonce déjà le bramement de ce dernier au moment des râles), l'identité supposée entre les parents et les animaux demeure aussi mystérieuse qu'à la fin du premier épisode. Dans le passage cité plus haut, l'expression des visages reflète d'ailleurs une « majestueuse douceur[76] » qui contraste avec l'horreur de la scène. Les parents « avaient l'air de garder comme un secret éternel[77] ». Que ce secret soit celui des prophéties qui leur ont été annoncées à chacun sans que personne n'en sache rien (la gloire militaire de Julien et son devenir saint) ou le secret de leur identification aux animaux, le texte ne le dit pas. Mais il importe que sur leurs corps assassinés, en même temps que s'inscrit en taches de sang la réalisation de la malédiction du cerf, se dessine « un secret éternel » que le regard de Julien ne peut déchiffrer.

74 *Ibid.*, p. 101.
75 *Ibid.*, p. 103.
76 *Ibid.*, p. 100.
77 *Ibid.*

Au cours de la troisième et dernière partie du conte, les signes parcourus du regard par Julien seront également marqués par une certaine opacité. Lorsqu'après s'être exilé dans la nature, il revoit des villes, celles-ci lui apparaissent comme « une confusion de toits pressés, avec des flèches de pierre, des ponts, des tours, des rues noires s'entrecroisant, et d'où montait jusqu'à lui un bourdonnement continuel[78] ». Les visages, les propos et les métiers les plus familiers lui paraissent étrangers, tandis que toute contemplation empathique, avec les bêtes notamment, lui demeure interdite. Lorsqu'il veut se donner la mort, c'est même son propre reflet que Julien ne sait plus reconnaître. La silhouette qui se dessine dans l'eau lui rappelle son père, ce qui le dissuade de mourir. En bref, Julien se trouve contraint de tout lire comme une langue étrangère, dans un rapport d'extériorité extrême au monde et aux signes qui le rapproche de l'animal. Comme l'affirme Anne Simon :

> Une fois le parricide accompli, le statut ontologique de Julien se complexifie encore, et le lecteur ne sait trop s'il doit relier le protagoniste à un humain, à un animal ou à un saint. [...] Difficile ici de dire s'il est Bête ou Adam, qui n'avait pas besoin au Paradis terrestre de cette culture qui est l'une des premières malédictions divines[79].

JULIEN, HÔTE ET OTAGE DE LA MARQUE D'UN AUTRE

Cependant, la même ambivalence qui caractérisait le rapport entre humanité et animalité lors des chasses initiales se répète dans ce dernier épisode. Si Julien s'animalise à nouveau par son mode de vie sauvage, la manière dont il décide de sa pénitence après le parricide reproduit au contraire le geste souverain d'effacer ses propres traces par lequel il ne cesse de vouloir se distinguer du reste des êtres vivants.

Contrairement au personnage d'Œdipe, ce n'est pas lui-même que Julien aveugle à la suite de la découverte du parricide, mais ses proches. Tout au moins, il entreprend de s'effacer de leur champ de

78 *Ibid.*, p. 102.
79 A. Simon, « De la chasse au carnage », art. cité, p. 42.

vision. Dans la dernière scène de la deuxième partie, il convoque son épouse afin de lui ordonner la marche à suivre pour les funérailles de ses parents et lui annoncer, « d'une voix différente de la sienne[80] », sa propre mort sociale :

> Il lui abandonnait son palais, ses vassaux, tous ses biens, sans même retenir les vêtements de son corps, et ses sandales, que l'on trouverait au haut de l'escalier.
>
> Elle avait obéi à la volonté de Dieu, en occasionnant son crime, et devait prier pour son âme, puisque désormais il n'existait plus[81]. [f. 45v°]

Julien se déleste de manière emphatique de toutes les prérogatives sociales d'un seigneur, jusqu'à ses propres sandales, jusqu'à sa propre voix, ce qui donne à ce décret les allures d'une métamorphose, d'une mue de reptile. Cependant, il s'épargne l'obligation de répondre de ses actes, et conserve intact le pouvoir de contrôler à distance les mouvements et réactions de sa cour et de son épouse. L'absence de sa femme lors de la dernière phase de pénitence constitue d'ailleurs l'un des écarts les plus importants de la version de Flaubert par rapport aux différentes versions de la légende, ce qui suggère que l'écrivain accorde un rôle important à ce pouvoir d'auto-détermination, et d'auto-effacement que le personnage espère préserver jusqu'à sa mort.

Or, précisément, le seul interdit que Dieu lui oppose dans le dernier épisode de la légende, c'est celui de se donner lui-même sa propre mort. Le seul événement, après le parricide, qui entame irréversiblement la souveraineté rêvée de Julien, c'est l'échec implacable de ses tentatives de suicide, de l'effort de se délivrer de « sa propre personne[82] ». Le pouvoir de feindre cette mort, de la jouer pour les autres, lui est certes accordé jusque dans le quotidien anonyme de passeur qu'il adopte avant l'intervention du lépreux, mais pas celui d'en fixer lui-même le lieu et le moment. Les éléments naturels l'épargnent lorsqu'il entreprend des actes héroïques, et surtout, il se voit dépossédé de la maîtrise de son propre reflet au moment où il s'apprête à se noyer. Il ne peut percevoir sa propre trace en tant que telle, comme image spéculaire de son propre corps : il y voit la trace d'un autre, de son père, ce qui l'empêche de se tuer, par peur de répéter le meurtre qu'il regrette :

---

80 G. Flaubert, *Trois contes*, *op. cit.*, p. 101.
81 *Ibid.*
82 *Ibid.*, p. 103.

> Et un jour qu'il se trouvait au bord d'une fontaine, comme il se penchait dessus pour juger de la profondeur de l'eau, il vit paraître en face de lui un vieillard tout décharné, à barbe blanche et d'un aspect si lamentable qu'il lui fut impossible de retenir ses pleurs. L'autre aussi pleurait. Sans reconnaître son image, Julien se rappelait confusément une figure ressemblant à celle-là. Il poussa un cri ; c'était son père ; et il ne pensa plus à se tuer[83].

Ce qui compromet définitivement le désir de se délivrer de sa propre personne, c'est paradoxalement qu'il se découvre hôte et otage de la trace d'un autre, qu'il voit émerger le visage spectral de son père à la place de son propre reflet. Le passage tiré de *L'Animal que donc je suis* de Derrida, discuté au début de ce chapitre, pourrait presque faire office de légende à cette scène : « À cet égard l'homme n'a pas plus le *pouvoir* d'effacer ses traces que ledit "animal". D'effacer *radicalement* ses traces, c'est-à-dire aussi bien de *radicalement* détruire, nier, mettre à mort, voire se mettre à mort[84]. » Car ce n'est qu'après avoir été dépisté, suivi à la trace, et appelé par son nom que Julien pourra trouver la délivrance « de sa propre personne ». Un des aspects les plus significatifs de la rencontre finale du lépreux, c'est en effet, comme Shoshana Felman l'a souligné, que le héros y est amené à s'accepter marqué par les taches qui recouvrent le corps du lépreux et se répandent sur tout ce qu'il touche : « Le dénouement du conte marque le point ultime où Julien (au moment même de mourir, c'est-à-dire de devenir proprement un saint) pour la première fois se pardonne – et s'accepte ; se pardonne en d'autres termes *d'être marqué par sa propre altérité à soi*[85]. » À cet égard, il importe d'insister sur le fait que l'interdit qui pèse sur le suicide de Julien constitue également la condition *sine qua non* de la légende en tant que telle, soit la légende d'un saint *hospitalier*. Si Flaubert avait laissé le pouvoir d'auto-destruction, d'effacement de soi, déterminer le destin de son personnage, la légende n'aurait pas lieu d'être. Ce n'est qu'en lui imposant cette limite fondamentale – la contrainte de se laisser suivre, marquer par l'autre, celle de recevoir la mort d'un autre – qu'il peut donner jour à la légende d'un saint hospitalier. Comme beaucoup de critiques l'ont déjà noté, la scène finale constitue en fait le seul acte d'hospitalité du personnage : loin d'intervenir comme le point culminant

83 *Ibid.*, p. 103.
84 J. Derrida, *L'Animal que donc je suis*, *op. cit.*, p. 186.
85 S. Felman, « La Signature de Flaubert », art. cité, p. 45.

d'une série d'événements susceptibles de faire reconnaître Julien comme un héros proprement hospitalier, l'accueil inconditionnel du lépreux, le don que Julien lui fait de son corps, constituent davantage la capitulation finale d'un personnage qui s'est au contraire évertué pendant toute la légende à n'accueillir personne, à se montrer particulièrement inhospitalier, chassant les animaux de leurs repaires, tuant les intrus qui s'immiscent dans son lit, s'employant même à faire traverser les passagers plutôt qu'à les accueillir. Il est d'ailleurs significatif que les actes d'hospitalité rendus au lépreux lui soient tous intimés par des ordres. Si Julien s'acquitte avec zèle de chacun de ces ordres jusqu'à faire œuvre d'hospitalité inconditionnelle (il donne son repas, son lit et son corps à un étranger malade dont il ne connaît pas le nom), ce n'est pas spontanément mais à la demande de l'invité, comme on exécute ce qu'un autre nous dicte. Ainsi, la légende donne l'impression de remplir par cette scène la condition qui va lui permettre d'être énoncée, et de déployer paradoxalement l'aventure d'un personnage dont les désirs de souveraineté tendent tous vers quelque chose de contraire à l'hospitalité : l'exaltation par le meurtre, la fuite, l'effacement de ses propres traces.

L'ironie ultime de « La Légende de Saint Julien l'Hospitalier », sur laquelle la phrase finale insiste, c'est bien sûr que ce personnage qui n'a œuvré qu'à se rendre invisible aux autres devienne une image de vitrail accessible aux yeux de tous : « Et voilà l'histoire de Saint Julien l'Hospitalier, telle à peu près qu'on la trouve, sur un vitrail d'église, dans mon pays[86]. » Ce passage attribue finalement à la légende le mode de signification d'une trace. Le vitrail auquel nous renvoie l'auteur souligne en effet avant tout – si on s'y reporte – l'absence de tout ce qui a été évoqué par la légende écrite : il s'agit d'un maigre squelette qui ne retrace schématiquement que les épisodes les plus fondamentaux du texte de Flaubert. En plus de l'ironie de l'adverbe « à peu près » qui a été si souvent commentée, il s'agit de remarquer la position grammaticale d'objet occupée par l'histoire de Saint Julien, dans l'expression « telle qu'on la trouve, sur un vitrail d'église ». L'histoire ne « se trouve pas » dans l'église, comme une œuvre d'art séparée des autres, « on la trouve », on peut tomber dessus, au cours d'une visite de la cathédrale. C'est une représentation imbriquée dans d'autres représentations, d'autres motifs

86 *Ibid.*, p. 108.

architecturaux, inscrite comme eux dans la cathédrale mais susceptible également de s'effacer derrière eux, ou de n'être contemplée que comme un ornement décoratif. La trace est inscrite, mais elle peut toujours s'effacer.

Comme Shoshana Felman le relève, ce rappel de l'être-trace de la légende constitue aussi l'unique moment dans l'œuvre de Flaubert où l'auteur signe :

> Ce qui rend cette phrase singulière – et unique dans l'œuvre de Flaubert – c'est le fait qu'elle réfère le texte à une première personne, comme en témoigne l'expression « *mon* pays », qui pourrait être non simplement celle – fictive – du narrateur, mais peut-être bien aussi celle – référentielle – de l'auteur[87].

Alors que la voix du narrateur s'est déployée tout au cours de la légende comme celle d'une présence désincarnée, elle se désigne ici comme celle d'un *je* qui est originaire d'une région particulière où se trouve le vitrail de Saint Julien. Le narrateur, en signant, déroge à sa propre exigence d'impersonnalité, de même que Julien ne contrevient qu'ultimement au désir d'autonomie et de souveraineté.

Mais en même temps qu'il s'incarne et fait de sa voix celle d'un signataire, le narrateur/auteur se désigne également comme le copiste de la parole d'un autre, le lecteur d'une trace antérieure. Le lieu d'énonciation autobiographique est dévoilé en même temps que le mode de la copie, de la transcription qui caractérise l'acte d'écrire la légende. Celle-ci vient du pays d'où Flaubert vient, mais en même temps, il ne fait que la coucher sur le papier, il la couche « à peu près » comme on peut la trouver sur le vitrail de Rouen. L'écrit se détache bien sûr de l'origine dont il se revendique, mais il n'en demeure pas moins hospitalier de la trace de cette origine, d'une trace d'altérité à laquelle il doit son déploiement. L'écrit est hospitalier de la trace d'un autre, comme Julien s'est fait hospitalier du corps malade du lépreux. Aucune souveraineté du scripteur n'est concevable sans une trace qui la compromette, qui signifie et efface ce qu'elle signifie, rend lisible et déstabilise le sens de ce qui a été lu.

On se souvient que Flaubert, dans ses lettres, envisageait l'acte d'écrire la légende comme un simple exercice de style, susceptible de le guérir de son oisiveté animale. Travailler sur la phrase devait permettre à l'auteur de s'instituer à nouveau comme sujet d'un discours, de même

87 S. Felman, « La Signature de Flaubert », art. cité, p. 47.

que l'étude des organismes animaux donne légitimité au discours du biologiste : « Heureux les gens qui s'occupent des sciences ! Cela ne vous lâche pas son homme comme la littérature[88] ! ». La légende de Saint Julien « lâche » en effet son homme, mais dans un sens peut-être légèrement différent de celui que Flaubert lui donne dans ce passage. La légende, au contraire d'un interminable *Bouvard et Pécuchet* n'aura pas lâché son auteur, elle aura été écrite de la première ligne à la dernière. Mais ce qu'elle lâche, ce qu'elle laisse se disloquer, lecture après lecture, c'est l'image idéale d'un homme qui s'institue, au contraire de l'animal, maître de la trace qu'il inscrit. Celle-ci ne cesse de s'inscrire et de s'effacer, à son insu.

88 G. Flaubert, *Correspondance*, *op. cit.*, p. 661.

L'ANIMAL POÉTIQUE DE VALÉRY[1]

Les poétiques réputées « formalistes » mettent l'anthropocentrisme à l'épreuve. Les précédents chapitres de ce livre ont en effet attiré notre attention sur la manière dont la pratique du poème en prose chez Baudelaire et Mallarmé, ainsi que l'art du conte chez Flaubert, entraînent également une révision de l'opposition entre Homme et Animal. Chez Baudelaire, l'intervention sur les conventions du comique significatif se révèle indissociable d'une complication de la frontière qui sépare le citadin actif du parasite animal dans la ville du XIXe siècle. Chez Mallarmé, c'est la distinction cartésienne entre réponse et réaction qui est en jeu lorsque le poète entreprend de déconstruire la représentation d'un animal sauvage sur scène, ou de traduire en prose le poème de Poe « Le Corbeau ». Flaubert, quant à lui, dans « La Légende de Saint Julien l'Hospitalier », est amené à exposer la complicité entre un certain idéal esthétique de l'art pour l'art – l'esthétique du « stylet » – et le pouvoir absolu de vie et de mort sur l'animal fantasmé par son personnage de chasseur. Interrompre la logique d'un régime esthétique particulier contribue également à interroger, dans tous ces cas, les catégories à partir desquelles la tradition classique nous a appris à nous opposer aux autres êtres vivants, en ce qui concerne notamment la possession exclusive du langage.

Or s'il est un intellectuel français qui, au début du XXe siècle, se signale par son ambivalence à l'égard de l'anthropocentrisme classique, c'est bien Paul Valéry. Préoccupé par la crise de l'esprit européen dans ses *Essais quasi politiques* de l'entre-deux-guerres, Valéry se présente, d'un côté, comme l'un des derniers représentants de l'humanisme moderne, attaché à faire valoir les capacités de transformation et d'inventivité de l'esprit humain en opposition avec l'assujettissement des animaux aux

1 Ce chapitre est la réécriture d'un article paru sous le titre « L'Animal poétique de Valéry », dans la revue *French Forum*, vol. 38, n° 3, 2013, p. 79-90, reproduit avec la permission de *University of Nebraska Press*.

réflexes de la vie organique. La figure de l'animal intervient ainsi de manière récurrente dans ses *Essais*, lorsque Valéry entreprend de définir les propriétés de l'esprit humain. Présenté comme une négation des facultés transformatrices de l'esprit, l'animal s'apparente alors le plus souvent à l'animal-machine de Descartes : il s'agit d'un vivant qui n'a pas accès à la pensée, en prise directe avec le présent, uniquement capable de réagir à des *stimuli* sans pouvoir y répondre. « Animal » devient dans ses *Essais* le nom de tous les comportements d'assujettissement, ou d'obédience automatique aux *stimuli* du monde contemporain (technologie, mode, presse, slogans politiques etc.) dont Valéry constate la prolifération inquiétante dans l'Europe de l'entre-deux-guerres.

Cependant, les remarques de ses *Cahiers* ainsi que certains de ses poèmes compliquent singulièrement l'opposition homme/animal telle qu'elle est posée ou présupposée dans les *Essais*. Valéry s'interroge plusieurs fois dans son œuvre sur la manière dont l'être humain figure dans le regard des animaux et, partant, du rapport des animaux aux signes, au langage. Certains de ses poèmes, surtout, mettent en doute la souveraineté de l'être humain quant à la possession et la maîtrise d'un *logos* qui puisse se référer aux choses de manière transparente. Les animaux qui interviennent dans les poèmes de *Charmes* ont en effet souvent pour rôle de marquer un excès dans le régime référentiel du langage. Ils sont associés à une parole allitérative, susceptible de faire dévier le sens – par effets de sons – dans une direction imprévue. Qu'il s'agisse du serpent d'« Ébauche d'un serpent », ou de celui de *La Jeune Parque*, les animaux interviennent toujours, dans ces monologues intérieurs, comme des tiers qui subvertissent les dualismes de la conscience (présence/absence, intérieur/extérieur). La notion d'un formalisme valéryen fondé sur une opposition simple entre homme et animal se trouve donc remise en cause par la trace des animaux dans ces textes poétiques, et nous voudrions examiner dans ce chapitre les déplacements du sujet lyrique qui s'ensuivent.

DE LA DISTINCTION
ENTRE RÉACTION ET RÉPONSE

Dans un texte en prose intitulé « Animalités » et issu du recueil *Instants*, Valéry propose sept réflexions distinctes sur le rapport de l'homme aux animaux. La cinquième d'entre elles me semble particulièrement intéressante dans la mesure où s'y profile une aporie quant à l'effort de penser un « propre de l'homme » qui va hanter l'ensemble des *Essais quasi politiques* de Valéry. Elle concerne les phobies que certains animaux provoquent en l'homme :

> V
>
> Les animaux qui font le plus horreur à l'homme, qui l'inquiètent parfois jusque dans ses pensées, le chat, la pieuvre, le reptile, l'araignée… sont ceux dont la figure, l'œil, les allures ont quelque chose de *psychologique*. Ils agissent sur les nerfs par je ne sais quel charme sinistre et quel aspect énigmatique, comme s'ils étaient eux-mêmes de hideuses *arrière-pensées*. […]
>
> Ces antipathies toutes-puissantes font voir qu'il y a en nous une mythologie, une fable latente – un folklore nerveux, difficile à isoler, car il se confond sur ses bords, peut-être, avec des effets de la sensibilité qui, eux, sont purement moléculaires, extra psychiques. Ainsi le grincement, l'agacement, l'impossibilité réalisée, certaines imitations forcées, la chatouille – toutes choses qui provoquent d'insupportables *défenses (ce sont les défenses qui sont réellement pénibles)*.
>
> Ce monde-là est très obscur, très important – le danger n'est pas proportionné aux réactions qu'il provoque – ces réactions constituent le réel danger[2].

Le moins que l'on puisse dire, à la lecture de ce passage, c'est que Valéry ne semble pas témoigner d'une éthique particulièrement novatrice à l'égard des animaux. Selon les conventions mêmes de l'anthropocentrisme, « le chat, la pieuvre, le reptile, l'araignée » ne sont ici invités à comparaître qu'en tant qu'idées, que représentations psychologiques qui « agissent sur les nerfs » de l'être humain.

Cependant, l'analyse valéryenne des processus mentaux qui fait suite n'en affecte pas moins profondément la notion d'une espèce humaine souverainement distincte des autres espèces, qui se distinguerait précisément,

2 Paul Valéry, *Œuvres complètes*, éd. Jean Hytier, Paris, Gallimard, « Bibliothèque de la Pléiade », 1957, t. 1, p. 401.

depuis Descartes, par sa capacité de répondre aux signes plutôt que d'y réagir mécaniquement. Cette distinction cartésienne n'est par ailleurs pas étrangère à Valéry, puisque, que ce soit dans les *Cahiers* ou dans les *Essais quasi politiques*, l'animal intervient régulièrement pour dessiner – en opposition avec l'homme qui capitalise ses expériences, répond *à* et *d'*un héritage – la figure d'un être assujetti à l'action immédiate, comme en témoigne, par exemple, l'extrait suivant tiré de « Politique de l'esprit » :

> L'animal, sans doute, ne se sent être qu'entre un minimum de passé et un minimum d'avenir : le peu qu'il faut de passé et d'avenir pour conserver un désir jusqu'à la sensation qui le satisfait, ou la sensation du besoin jusqu'à l'acte qui le remplit. Sa durée est réduite aux intervalles de tension ou d'action qui ont pour origine l'impression d'une excitation et pour fin une réponse organique prochaine[3].

Or, dans l'extrait d'« Animalités », ce que révèlent les phobies animales de Valéry, c'est précisément la présence « en nous » de mécanismes « obscurs » qui n'autorisent pas à l'être humain la moindre pause réflexive entre « l'impression d'une excitation » et l'acte de défense qui s'ensuit. Si ces mécanismes de réflexes phobiques sont obscurs, c'est parce qu'ils révèlent notre assujettissement à une mythologie qui excède les bornes du pensable, qui fait agir, ou plutôt réagir, à partir d'une zone « extra-psychique », où l'esprit ne pénètre pas. Surtout, cet assujettissement, pour Valéry, expose l'être humain à un danger sans commune mesure avec celui que représente l'animal lui-même. Ce qui est dangereux, ce n'est pas qu'il existe des animaux qui font peur, mais c'est qu'il n'existe, semble-t-il, pour l'être humain d'autres réponses à ces peurs que « d'insupportables défenses ». Ces réactions, affirme Valéry, et non les animaux eux-mêmes, constituent le « réel danger ».

Mais pourquoi qualifier de « réel danger » ces réflexes de défense ? Qui ou quoi mettent-ils en danger, et de quelle sorte de danger s'agit-il ? Le passage en question permet – il me semble – de dégager deux réponses possibles. D'une part, Valéry semble bien désigner par « danger » les conséquences de ce que l'homme peut faire, se faire à lui-même ou faire à l'autre, lorsqu'il n'est plus responsable de ses actes. L'état décrit par Valéry se caractérise en effet par une défaillance de la raison : les

3 *Ibid.*, p. 1024.

animaux, comparés à de « hideuses arrière-pensées », sont décrits comme agissant directement « sur les nerfs » par un « charme sinistre ». À la manière du Mauvais Génie de Descartes, ils pénètrent la forteresse de la conscience, et plutôt que de se plier à ses règles, exercent sur elle un pouvoir incontrôlable. Le sujet se trouve ainsi en mesure de commettre des actes dont il ne pourra pas répondre. D'autre part, puisque cet état correspond de près à la condition animale telle que Valéry la conçoit dans les *Essais*, on pourrait en déduire que le danger pèse sur la représentation que l'être humain se fait de lui-même. Au-delà des conséquences particulières des comportements phobiques, ce qui serait ressenti comme dangereux c'est la mise en doute qu'ils impliquent : la distinction par laquelle l'homme se définit, celle de pouvoir « capitaliser ses expériences[4] », pourrait bien se révéler fragile et, la valeur de l'esprit serait elle-même menacée dans ce cas.

L'intérêt de cet extrait d'« Animalités », c'est qu'il décrit un problème qui, loin de ne concerner qu'une métaphysique abstraite de Valéry, structure intimement ses pensées sur les changements culturels qui affectent l'Europe de l'entre-deux-guerres. Ces deux virtualités du danger de l'indistinction resurgissent en effet régulièrement dans les essais de Valéry quand il entreprend d'analyser la crise de la civilisation européenne. L'analyse des comportements automatiques auxquels Valéry craint de « nous » voir assujettis s'impose comme un motif récurrent dans les *Essais quasi politiques* et *Regards sur le monde actuel*. Dans « Hypothèses », par exemple, spéculant sur l'extension du domaine du simulacre installé par les nouveaux relais médiatiques, Valéry imagine la possibilité d'une action à distance, non seulement « sur les sens des vivants, mais encore sur les éléments les plus cachés de la personne psychique[5] ». « Notre destin et les Lettres » médite sur l'éventualité, rendue possible par les récents développements technologiques, d'une littérature purement orale ou visuelle, qui ne solliciterait plus l'écrit, et agirait immédiatement sur les esprits, sans leur laisser la possibilité de la réflexion ou de la relecture. Dans « Une conquête méthodique » qui s'intéresse à la politique économique de l'Allemagne en 1897, c'est aussi la stratégie de chercher « la définition du bon produit » « dans le cœur *lisible* du client » qui inquiète Valéry, à cause du risque qu'elle fait

4 *Ibid.*
5 Paul Valéry, *Regards sur le monde actuel*, Paris, Gallimard, 1945, p. 45.

encourir à la nation de donner lieu au « triomphe définitif de toute la médiocrité terrestre[6] ». De manière récurrente, le règne de l'immédiateté et de l'obéissance aveugle à des conventions va de pair, pour Valéry, avec l'impossibilité croissante de « répondre » au capital culturel hérité des premiers siècles de l'époque moderne. Comme le remarque Derrida dans *L'Autre Cap*, Valéry s'inquiète comme d'une menace qui pèse sur l'identité culturelle de l'Europe – l'Europe en tant que réserve de l'universalité – de la disparition de la possibilité de lire et d'utiliser les objets matériels de ce capital[7]. Et cette menace est explicitement identifiée à une animalisation de la société que Valéry, au terme de « Crise de l'Esprit » appelle sardoniquement de ses vœux :

> – Adieu, Fantômes ! Le monde n'a plus besoin de vous. Ni de moi. Le monde, qui baptise du nom de progrès sa tendance à une précision fatale, cherche à unir aux bienfaits de la vie les avantages de la mort. Une certaine confusion règne encore, mais encore un peu de temps et tout s'éclaircira ; nous verrons enfin apparaître le miracle d'une société animale, une parfaite et définitive fourmilière[8].

Mais cette fiction cartésienne de l'animal-machine, fondée sur l'opposition entre réponse et réaction, est-elle vraiment consistante dans les *Essais* de Valéry ? Ses méditations nous conduisent-elles vraiment à un simple refus nostalgique du progrès technique, de ses conséquences néfastes, et de toute forme de perversion du « propre de l'homme » ? D'ailleurs, comment Valéry définit-il ce propre de l'homme, quelle est la place de l'animal dans cette définition et quelle « politique de l'esprit » s'y ébauche ? L'essai du même nom, « La Politique de l'esprit : notre souverain Bien », devrait permettre de répondre à ces questions. Cet essai, il faut le reconnaître, recourt dès son début à une définition de l'être humain qui le distingue radicalement de l'animal. Selon toute une tradition cartésienne agrémentée d'un bergsonisme d'époque, c'est l'esprit, défini ici comme « puissance de transformation » qui éloigne l'aventure humaine des conditions initiales de notre existence :

> C'est lui, cet instinct étrange, qui tend à refaire en quelque sorte le milieu de notre existence, à nous donner des occupations parfois excessivement éloignées

6 P. Valéry, *Œuvres*, éd. citée, t. 1, p. 987.
7 Jacques Derrida, *L'Autre Cap*, Paris, Les Éditions de Minuit, 1991, p. 24-26.
8 P. Valéry, *Œuvres*, éd. citée, t. 1, p. 994.

> de celles que nous impose le souci pur et simple de la vie animale ; il crée des besoins nouveaux, il multiplie les besoins artificiels, il introduit à côté des instincts naturels dont je parlais, à côté des quelques aiguillons de nécessité vitale (instinct signifie *aiguillon*), quantité d'autres impulsions[9].

Selon les termes de ce passage, l'esprit nous éloigne d'une « vie animale » limitée par les soucis de la conservation du vivant. L'animal n'a pas accès à la réflexion, à cette puissance de transformation, parce que ses actes sont entièrement gouvernés par des instincts naturels, ceux qui, quelques lignes plus haut, « tendent au contraire à ramener sans cesse l'être vivant au même point et au même état[10] ». Il n'a pas, comme l'homme, inventé le temps, le passé et le futur, parce que les intervalles entre la perception d'un stimulus et l'acte qui s'ensuit sont réduits au minimum, « c'est toujours *par le plus court* que la sensibilité irritée va exciter l'acte qui l'apaise[11] ». Ainsi, par opposition, l'homme est conçu comme une créature qui a introduit « quantité d'autres impulsions » à côté des instincts qui déterminent la conservation de la vie organique. Le passé et le futur, par exemple, comme dans « Avant-propos », sont investis d'un pouvoir d'influence largement supérieur, pour l'homme, à celui de l'instant dans lequel vit l'animal ou « l'homme naturel ». Tandis que l'animal ne réagit qu'à ce qui est, à un donné naturel, l'homme agit en fonction de choses qui ne sont pas, de créations invisibles à un observateur extérieur. Alors que le premier se présente comme un être indivis, le second ne cesse de « s'écarter de l'instant même », donc de se diviser et d'acquérir la conscience de soi-même. L'esprit sera d'ailleurs caractérisé, plus loin dans l'essai, comme une puissance qui abhorre la répétition organique profonde, les redites de « la machine à vivre », et qui cherche sans cesse à « absorber le cas particulier dans la loi générale[12] », à capitaliser les expériences.

Cette opposition – je le répète – ne semble pas distinguer le discours de Valéry de la tradition cartésienne dont il se revendique. Ou plutôt, elle ne l'en distinguerait pas si le propos de « Politique de l'esprit » consistait simplement à revendiquer les fondements rationnels de toute société humaine, et à condamner avec force tous les comportements,

9 *Ibid.*, p. 1024.
10 *Ibid.*
11 *Ibid.*
12 *Ibid.*, p. 1026.

toutes les habitudes qui nous en éloignent. Or, tel n'est pas exactement le propos tenu par Valéry dans cet essai. Dans le passage cité plus haut, on peut déjà constater une manière singulière de qualifier « l'esprit ». Valéry parle « d'*instinct* étrange », d'un instinct qui introduit quantité d'« impulsions nouvelles ». Si les fins de l'esprit ne sont pas programmées par la nécessité de conservation du vivant, l'esprit n'en demeure pas moins considéré comme un instinct qui coexiste avec les autres instincts naturels, non comme une substance héritée du divin[13]. Plutôt que de conclure à l'autonomie de l'humain par rapport aux déterminations de la nature, Valéry suggère un déplacement du pouvoir d'influence. Être tenu de réagir, non plus seulement aux exigences de sa constitution naturelle, mais surtout à celles de ses propres créations, éloigne l'homme de ses conditions de vie initiales. Si ces créations humaines soustraient, en effet, l'homme à la tyrannie de l'instant présent, Valéry suggère tout au cours de l'essai qu'elles ne lui garantissent en aucun cas une faculté de réponse qui le distinguerait, une fois pour toutes, des autres espèces. Cette faculté n'est jamais un donné, et si les actions humaines s'ajustent à partir d'objets qui ne sont souvent pas « présents », elles ne résultent pas moins, le plus souvent, de réactions automatiques qui échappent au filtre de la conscience. « *Demain* », insiste Valéry, « est une puissance cachée[14]. » Ou à la fin de l'essai, faisant valoir les changements culturels du monde contemporain :

> Songez à ce que sont, pour la formation de l'esprit, les horaires de travail, les commandements croissants de l'hygiène, jusqu'aux commandements de l'orthographe qui n'existaient pas jadis, jusqu'aux passages cloutés… Tout nous commande, tout nous presse, tout nous prescrit ce que nous avons à faire, et nous prescrit de le faire automatiquement. L'examen des réflexes devient le principal des examens d'aujourd'hui[15].

Dans ce passage, comme dans l'extrait d'« Animalités », on remarque que l'enjeu qui intéresse Valéry n'est pas vraiment de savoir s'il faut ou non condamner, en se réclamant d'un quelconque propre de l'homme,

---

13 C'est d'ailleurs, pour Valéry, le système de nos sens qui fournit à l'esprit « ses étincelles initiales » (P. Valéry, *op. cit.*, p. 1028). Valéry compare ainsi la réceptivité de la pensée aux événements sensibles à l'être aux aguets de certains animaux. Il est donc, à cet égard, plus empiriste que cartésien.

14 *Ibid.*, p. 1025.

15 *Ibid.*, p. 1038.

les nouvelles habitudes qui modèlent l'espace public contemporain, mais plutôt de savoir dans quelle mesure ces habitudes peuvent être examinées lucidement, de sorte que ces puissances puissent sortir de la pénombre entretenue par les modes discursifs traditionnels tels que l'histoire événementielle.

Qui plus est, loin d'opposer l'esprit aux puissances qui semblent contrevenir à sa faculté critique, Valéry présente ces dernières, dans « Politique de l'esprit », non seulement comme des produits de l'esprit lui-même mais aussi comme un fondement nécessaire à la structure sociale dans laquelle nous, et notre esprit, vivons :

> À côté des énigmes réelles qui nous sont proposées par les choses, nous trouvons d'autres énigmes qui nous sont proposées par nos propres œuvres, par nos créations accumulées. Une grande partie des difficultés actuelles tient à la survivance puissante d'une sorte de mystique ou de mythologie qui est de moins en moins en accord avec des faits, mais dont on ne sait comment se défaire[16].

Par « mythologie » ou « mystique », Valéry entend, comme il l'explique à la suite de ce passage, l'ensemble des valeurs fiduciaires, fondées sur la croyance aveugle dans l'homme, et sans lesquelles aucune structure sociale ne serait possible. Deux remarques s'imposent sur l'importance que Valéry accorde à cette mythologie. Tout d'abord, il s'agit d'une puissance clairement antagoniste à la faculté critique de l'esprit. Son action instaure un échange inégal à notre insu, en sollicitant notre besoin de croire à ce qui n'est pas, ce qui explique, selon Valéry, l'extension de son usage à la politique pratique. Qu'elle s'incarne dans des pratiques aussi immémoriales que le serment, le crédit, le contrat ou la signature, la vie fiduciaire nous contraint à un « échange du présent, du sensible, du pondérable, du réel, contre des avantages imaginés[17] ». Mais ce qui importe avant tout dans l'analyse de Valéry, c'est que l'esprit humain ne peut se défaire de cette mythologie impropre qu'au prix de la destruction du tissu social dans lequel il évolue. En même temps qu'elle s'oppose comme force de conservation à la puissance de transformation de l'esprit humain, la *fiducia* s'impose aussi comme une fondation « qu'exige tout l'édifice de

16 *Ibid.*, p. 1032.
17 *Ibid.*

la civilisation[18] ». Pour rendre cette dimension fondamentale du fiduciaire sensible à son audience, Valéry sollicite l'exemple d'un scénario catastrophe. Il invite son lecteur à s'imaginer un monde où le papier, support matériel de tout écrit, se trouverait soudainement anéanti sous l'action d'un microbe. Avec le papier, ce serait non seulement les livres, mais aussi les « billets de banque, traités, actes, codes[19] » qui tomberaient en ruine, et dans le même mouvement, toute la structure sociale qui s'effondrerait. Selon les termes de Valéry, un tel événement ne donnerait pas exactement lieu à une destruction de la civilisation, mais bien à une réduction de la sphère sociale au monde animal : « Chacun se sent aussitôt réduit à sa sphère immédiate de perception et d'action. L'avenir et le passé de chacun se resserrent prodigieusement ; nous sommes réduits au rayon de nos sens et de nos actions directes[20]. » L'absence de relais « fiduciaires » équivaut ici à la suppression de notre « instinct étrange », celui qui nous fait vivre en rapport avec ce qui n'est pas. L'être humain se trouve désormais tenu de ne réagir qu'à ce que lui signalent ses sens, dans un éternel présent. Paradoxalement, les institutions et les pratiques qui, qualitativement, se révèlent le moins représentatives de la puissance de l'esprit sont aussi celles sur lesquelles repose l'édifice de ce que nous nommons « civilisation ». Alors que la croyance humaine dans le crédit, la signature, l'existence du passé, ne témoignent aux yeux de Valéry que d'une force conservatrice de l'esprit qui nous aveugle, nous condamne à l'automatisme (« la propriété cardinale de nos esprits *de ne pas traiter comme choses de l'esprit des choses qui ne sont* que DE L'ESPRIT[21] »), elle fait en même temps office de fondement. On ne pourrait pas vivre en société sans elle, tandis qu'une société fondée exclusivement sur les puissances transformatrices de l'esprit serait – elle – inconcevable[22]. C'est l'impropre qui permet la survie du propre, du « bien souverain », non l'inverse.

18 *Ibid.*, p. 1035. Pour une discussion de la notion valéryenne de *fiducia*, voir notamment David Lloyd, « Valéry on Value : The Political Economy of Poetics », *Representations*, n° 7, été 1984, p. 116-132.

19 *Ibid.*

20 *Ibid.*

21 *Ibid.*, p. 1033.

22 Valéry suggère à plusieurs reprises que l'application du savoir scientifique le plus récent à la sphère sociale donnerait lieu à un état tyrannique : « On arriverait, en effet, à classer

Alors, il s'agit finalement de nuancer l'image d'un Valéry, fidèle héritier de Descartes et des Lumières, qui condamne tout ce qui ne relève pas de l'exercice de l'esprit. Comme le remarque Derrida dans *L'Autre Cap*, même lorsqu'il compare l'Europe de l'esprit au « cerveau d'un vaste corps », Valéry met toujours cette analogie sur le compte du paraître, tandis que l'être de l'Europe est présenté comme « petit cap du continent asiatique[23] ». Si l'on suit les implications de « Politique de l'esprit », ce qui scellerait la victoire finale du mythologique sur la raison, ce serait précisément pour l'Europe de l'esprit de se croire éternellement « cerveau » alors même que les symptômes du statut fictif de cette conception prolifèrent (l'autonomie d'anciennes colonies, la globalisation des moyens techniques, l'interdépendance de toutes les parties du monde). En fait, pour Valéry, le dangereux aveuglement consiste davantage à nier le rôle constitutif du fiduciaire dans la transmission de valeurs universelles que de croire à des valeurs fiduciaires, défaut inévitable de toute civilisation. S'il est vrai que le mythe opère en dissimulant son caractère construit, en faisant passer pour ce qui est « des choses qui ne sont que de l'esprit », alors c'est céder au pouvoir du mythe que de se figurer l'esprit comme une puissance souverainement séparée, autonome, de ses productions les plus impropres. Mettre à nu la part du réflexe, de la réaction, importe à Valéry dans la mesure où elle maintient le sujet dans une perception de soi comme homme souverain.

LA PAROLE AU SERPENT

Dans la première partie de ce chapitre, nous avons vu que Valéry considère le mythe comme fondement des valeurs pures de l'esprit transformateur. Quant à l'héritage culturel européen, la responsabilité de l'intellectuel dépend aussi du mythe, des valeurs fiduciaires. À cet égard, pourtant, la figure de l'animal telle qu'elle apparaît dans les *Essais quasi politiques* se conforme encore à la tradition cartésienne. L'animal

---

chaque individu, à pénétrer dans l'intimité de son existence ; parfois, à supprimer ou à mutiler certains êtres tarés ou diminués. » (*Ibid.*, p. 1030).

23 J. Derrida, *L'Autre Cap*, *op. cit.*, p. 26.

est opposé à l'homme en tant qu'automatisme qui réagit passivement à des stimulations extérieures ; il dessine la figure négative et stéréotypée d'un organisme prisonnier des instincts qui le captivent.

Il faut alors solliciter les textes poétiques de Valéry pour voir émerger une conception de l'animal qui ne se conforme pas aux dualismes de la tradition cartésienne. Dans le poème en prose « Animalités », déjà, à la suite du fragment sur les « réflexes insupportables » commenté précédemment, nous sommes invités à une réflexion sur le mystère du regard animal :

> Regard de l'animal.
>
> Ce regard de chien, chat, poisson me donne l'idée d'un point de vue, d'un être-vu-par, et par suite, d'un coin réservé, d'un intime ou quant-à-soi, d'une chapelle où ne sont pas des choses que je sais et où sont des choses que je ne sais pas.
>
> J'ignore de quoi je suis le signe dans ce coin-là. Il y a là un mode de me connaître. Et je suis forcé de me considérer comme un mot dont j'ignore le sens dans un système animal d'idées[24].

Ce passage accorde à l'animal un point de vue qu'on ne saurait déduire de l'observation de son comportement. Valéry ne décide pas ici de manière péremptoire ce qui est susceptible de captiver l'animal, il n'arrête aucun jugement sur le sens que doit prendre l'image de soi quand elle traverse le champ de vision d'un chien, d'un chat ou d'un poisson. Cette rencontre donne lieu, au contraire, à la prise en compte de « choses que je ne sais pas », dont l'inaccessibilité est suggérée par la métaphore de la chapelle. Davantage, le poète attribue à l'animal « un mode de me connaître ». Il s'imagine lui-même devenu non pas objet du regard – ce qui serait encore projeter sur l'animal une structure anthropomorphique de la connaissance – mais signe dans « un système animal d'idées ». Quelque chose comme l'articulation d'un langage est attribué à l'animal où le « je » devient un mot étranger. De cette manière, la pensée de Valéry s'apparente de près à celle du biologiste Jakob von Uexküll, dont l'influence sur d'autres poètes contemporains de Valéry (Rilke, ou Hugo von Hofmannstahl), a été fréquemment commentée[25].

---

24 P. Valéry, *Œuvres*, *op. cit.*, t. 1, p. 401.

25 Voir notamment Giorgio Agamben, *L'Ouvert : de l'homme et de l'animal*, trad. Joël Gayraud, Paris, Rivages, 2006 et Malte Herwig, « The Unwitting Muse : Jakob von Uexküll's theory of Umwelt and Twentieth-Century Literature », Semiotica, n° 134, 2001.

Pour Uexküll, en effet, la conception mécaniste de l'animal héritée de Descartes se révèle insatisfaisante parce qu'elle ne sait pas rendre compte de la manière dont chaque animal se constitue un monde (*Umwelt*) en répondant à certains signaux de l'environnement (*Umbegung*). Les mondes animaux, même s'ils sont parfois très limités, ne se distinguent donc pas fondamentalement des mondes humains, ils témoignent d'une même activité constituante du sujet[26].

Or, c'est cette même activité constituante de l'animal que la pratique de l'écriture poétique de Valéry met en valeur. Dans certains poèmes de *Charmes*, les animaux refont surface pour subvertir cette fois les dualismes de la tradition classique. « Ébauche d'un serpent », en particulier, à travers sa réécriture du mythe de la Genèse, pose la question du langage, et de son appartenance exclusive à l'être humain. Dans ce poème, c'est au serpent de la genèse que revient la parole, et surtout le don de susciter l'envie de s'en servir chez l'être humain. Derrida, dans *L'Animal que donc je suis*, convoque d'ailleurs ce texte comme le lieu d'une parodie subversive du *Cogito* de Descartes sur laquelle nous reviendrons plus loin. Il recourt aussi, dans un passage voisin, à un néologisme qui va nous permettre de faire valoir certaines particularités du serpent dans le poème de Valéry : le concept de « l'animot » opposé au concept monolithique de « l'Animal[27] ». Le mot « animot » suggère en effet deux virtualités de sens que la notion générique d'animal, telle que Valéry l'utilise dans ses *Essais*, occulte. « Animot » laisse d'une part entendre l'idée d'un pluriel irréductible par quoi l'animalité pourrait être perçue (non pas « les animaux » mais « l'animaux »). Il souligne d'autre part visuellement l'acte de la nomination qui fait de l'animal un mot plutôt qu'un sujet parlant. L'« animot » ne peut qu'être nommé, il ne peut pas faire lui-même usage de la langue : « Les animaux ne répondent pas, disent tant de philosophes et de théoriciens, d'Aristote à Lacan, et ils partageraient cette irresponsabilité avec l'écriture, telle du moins que l'interprète Platon dans le *Phèdre*[28]. » Certains animaux

---

26 Jakob von Uexküll, *Mondes animaux et monde humain*, trad. Charles-Martin Freville, Paris, Payot et Rivages, 2010, p. 34. À noter que la théorie d'un animal « pauvre en monde » développée par Heidegger dans *Les Principes fondamentaux de la métapyhysique* repose également en grande partie sur la notion d'*Umwelt*. La pensée d'Uexküll se prête ainsi à des interprétations divergentes au cours des mêmes années.

27 J. Derrida, *L'Animal que donc je suis*, *op. cit.*, p. 73-74.

28 *Ibid.*, p. 79.

peuvent réitérer des mots, comme la trace écrite, mais cela n'en fait pas pour autant des interlocuteurs qui possèdent en maîtres la parole vivante du *logos*. À la manière du corbeau du célèbre poème de Poe, ils ne sont pas jugés responsables des effets de sens qui sont ainsi produits par les moments de leur corps.

Or, l'usage de la langue dans le poème de Valéry comme dans celui de Poe, sème le doute quant à la solidité de cette distinction entre un homme possesseur du *logos* et un animal-machine, une parole vive et l'écriture. Tout d'abord le titre « Ébauche d'un serpent » évoque la duplicité du sujet du poème. Il s'agit d'un côté de l'ébauche faite par le poète d'un serpent : le serpent apparaît en tant que modèle classique de l'ébauche qui se dessine sur la page. Et bien sûr, s'agissant d'un serpent, la figure ne peut qu'évoquer le fantasme biblique de l'animal en tant que figure du mal, de la tentation, l'instigateur de la Chute. Mais en même temps, le génitif « d' » peut être également compris comme un génitif subjectif qui présente le serpent comme l'auteur de sa propre ébauche. Le titre désigne, dans ce cas, la trace que laisse le serpent derrière lui. Davantage que l'expression d'un mouvement du corps, cette trace devient alors une représentation de soi, une sorte de signature. Le S du mot serpent, qui est répété dans ce poème de manière obsédante, constitue d'ailleurs graphiquement une telle ébauche, de même que le son *–s* imite le sifflement de l'animal[29]. Quand le « serpent » entendu comme « animot » s'inscrit sur la page, il s'ébauche, ou plutôt se pluralise en une multiplicité d'ébauches de soi. Plus que figure du Mal, il devient figure de la vanité, mais aussi, d'un point de vue linguistique, de l'autoréflexion, du signe qui ne pointe que vers lui-même, du « je ». Giorgio Agamben nous rappelle, dans « Le je, l'œil, la voix », que Valéry fut très tôt fasciné par le fonctionnement du pronom « je » comme indicateur de l'énonciation[30]. Dans les *Cahiers*, Valéry remarque : « Avant de *signifier* quoi que ce soit toute émission de langage *signale* que *quelqu'un parle*[31]. » Or Derrida remarque également

29 Le début de la dernière strophe du poème en est la démonstration éloquente : « Beau serpent, bercé dans le bleu, / Je siffle, avec délicatesse, / Offrant à la gloire de Dieu / Le triomphe de ma tristesse… » (Valéry, *Œuvres*, éd. citée, t. 1, p. 146, v. 302-304).

30 Giorgio Agamben, *La Puissance de la pensée*, trad. Joël Gayraud et Marin Rueff, Paris, Rivages, 2006, p. 85. – À la même page, Agamben relève que, selon Valéry, le « je » est le lieu d'un écart, d'un retard, d'une absence, d'une lacune.

31 Paul Valéry, *Cahiers*, éd. Judith Robinson, Paris, Gallimard, 1974, t. 1, p. 473.

dans un bref commentaire d'« Ébauche d'un serpent[32] », que le motif du « je » y est associé au motif du vêtement, de la ruse : non seulement le serpent de Valéry apparaît comme un animal déguisé qui se dédouble en son propre vêtement (« Parmi l'arbre la brise berce / La vipère que je vêtis[33] »), mais surtout, il utilise comme ruse de séduction le « Je suis… » du créateur. Il dénaturalise l'acte qui institue la présence du « je » à la place du rien et le fait valoir comme un geste rhétorique. Voilà donc un rôle singulier attribué au serpent de la Genèse, à cet « animot ». Plutôt que simple figure du Mal, de la tentation, il esquisserait la figure d'un « je » certes autoréflexif, mais qui apparaîtrait sur le mode de la ruse, de la fiction :

> Cieux, son erreur ! Temps, sa ruine !
> Et l'abîme animal, béant !…
> Quelle chute dans l'origine
> Étincelle au lieu de néant !…
> Mais, le premier mot de son Verbe,
> MOI !… Des astres le plus superbe
> Qu'ait parlés le fou créateur,
> Je suis !… Je serai !… J'illumine
> La diminution divine
> De tous les feux du Séducteur[34] !

Derrida fait valoir, dans sa lecture, le paradoxe qui veut que « l'abîme animal » ne soit pas pensé par le poète comme un néant, mais au contraire comme de l'artifice qui se trouve à la place du néant, dont le Moi constitue la première instance. Il faut d'ailleurs ajouter à cette remarque que c'est dans les mêmes termes que Valéry, ironiquement, apprécie l'intervention philosophique de Descartes dans « Une vue de Descartes ». Le célèbre *Cogito* du philosophe, le poète n'y voit rien d'autre que l'entrée sur scène d'un « Je suis » dans la pensée, c'est-à-dire d'un mot qui ne désigne rien d'autre que la présence d'une voix, comme un cri pourrait le faire :

> Je dis que *Cogito ergo sum* n'a aucun sens, parce que ce petit mot Sum n'a aucun sens. Personne n'a, ni ne peut avoir l'idée ou le besoin de dire : « Je suis », à moins d'être pris pour mort, et de protester qu'on ne l'est pas ;

32 J. Derrida, *L'Animal que donc je suis*, *op. cit.*, p. 94-98.
33 P. Valéry, *Œuvres*, éd. citée, t. 1, p. 138, v. 1-2.
34 *Ibid.*, p. 139-140, v. 61-70.

> encore dirait-on : Je suis vivant. Mais il suffirait d'un cri ou d'un moindre mouvement. Non : « Je suis » ne peut rien apprendre à personne et ne répond à aucune question intelligible[35].

Il ne s'agit pas là d'une subversion mineure de la pensée de Descartes, eu égard à la distinction entre l'homme et les autres animaux. La formule même par laquelle l'opposition entre *res cogitans* et *res extensa* se fonde est réduite à un cri, un mot qui ne se réfère à rien, et qui, précisément, ne répond à aucune question. Afin de créer la fiction d'un sujet qui sait répondre, et se distingue des automates, Descartes, dans la version de Valéry, doit lui-même faire appel à un usage de la langue qui ne se distingue pas fondamentalement d'une manifestation du corps ou de la voix : « C'est bien là ce que je crois voir dans le *Cogito.* Ni syllogisme, ni même signification selon la lettre ; mais un acte réflexe de l'homme, ou plus exactement l'éclat d'un acte, d'un coup de force[36]. » Comme dans l'extrait d'« Animalités », Valéry sollicite le terme opposé à la réponse, c'est-à-dire un « acte réflexe », pour caractériser le geste auquel recourt Descartes quand il fonde le propre de l'homme en tant qu'animal qui pense. Mais le plus paradoxal dans cette relecture, c'est que cet acte réflexe, animal, est aussi associé à un acte rhétorique et même théâtral : il s'agit d'un coup de force, de « l'éclat » d'un acte donné en spectacle pour un public. Aussi, dans le reste du passage, le *Cogito* est présenté par Valéry comme la marque d'un style d'écriture que Descartes imprime dans toutes ses œuvres. La singularité de Descartes n'est pas d'avoir fondé la métaphysique moderne, mais d'avoir joué le « Je » sur le théâtre de la pensée.

DU CRATYLISME COMME RUSE

Cette méditation sur l'animal comme un être qui exprime un cri instinctif, tout en imposant son propre style, nous ramène bien sûr à la figure du serpent comme faiseur d'ébauches. Le poème de Valéry dramatise, en effet, un acte de séduction par la langue (ou la voix) et le

35 Paul Valéry, *Œuvres*, éd. Jean Hytier, Paris, Gallimard, « Bibliothèque de la Pléiade », 1960, t. 2, p. 825.

36 *Ibid.*, p. 826.

serpent occupe de nombreuses strophes à évoquer les effets et les causes de cet acte sur l'auditrice Ève, jusqu'à son résultat escompté : le geste de cueillir le fruit. Mais quel rapport s'établit alors entre le langage poétique du texte et la figure du serpent ? Quelles virtualités du langage poétique le serpent, instigateur de la Chute, pourrait-il bien allégoriser ?

Le langage poétique de ce texte est sans conteste caractérisé par la densité de ses allitérations. En fait d'allitérations, il faudrait même parler d'une texture allitérative de la langue où poignent çà et là quelques syllabes dissonantes, à peine de quoi permettre au signifiant de changer de sens, comme dans les vers suivants : « Je suis !... Je serai !... J'illumine / la diminution divine[37] ». L'instigateur de la chute s'exprime donc par des chaînes de sons qui n'admettent que peu d'espaces entre leurs circuits. Dès les deux premiers vers du poème, ce mode d'expression est associé au serpent par des jeux figuraux : « Parmi l'arbre, la brise berce / La vipère que je vêtis[38]. » Ces deux vers, qui décrivent le serpent dans l'arbre, à force de ressasser les mêmes sons (*-ar*, *-b*, *-er*, *-i*) finissent par disséminer, ironiquement, le mot d'« arbitraire ». C'est ainsi à une rémunération de l'imperfection des langues, selon la formule de « Crise de Vers » que nous assistons : là où Mallarmé parlait de traces de cratylisme disséminées dans une langue arbitraire, imparfaite, Valéry fait littéralement percevoir des traces du mot « arbitraire » dans une langue qui s'articule désormais autour de ses sons. Lorsque le serpent déclare plus loin : « Je m'écoute et dans mes circuits, / ma méditation murmure[39]... », la répétition du son *-m* crée elle-même un circuit fermé, autotélique entre son et sens qui motive l'énoncé[40]. Faut-il alors conclure que le serpent de Valéry incarne l'unité entre son et sens, la naturalité cratylienne du signe[41] ? S'agirait-il de cette naturalité mimétique d'un langage « d'avant la chute », dont le discours de l'animal annoncerait le retour ?

37 P. Valéry, *Œuvres*, éd. citée, t. 1, p. 140, v. 68-69.

38 *Ibid.*, p. 138, v. 1-2.

39 *Ibid.*, p. 138, v. 49-50.

40 Une fascination similaire à l'égard d'une langue purement sonore est perceptible à la huitième strophe du « Cimetière marin » : « Ô pour moi seul, à moi seul, en moi-même, / Auprès d'un cœur, aux sources du poème, / Entre le vide et l'événement pur, / J'attends l'écho de ma grandeur interne, / Amère, sombre et sonore citerne, / Sonnant dans l'âme un creux toujours futur ! » (Valéry, *Œuvres*, éd. citée, t. 1, p. 149).

41 Pour rappel : Cratyle, dans le texte de Platon du même nom, est l'interlocuteur de Socrate qui défend l'hypothèse selon laquelle les noms expriment l'essence des choses qu'ils désignent.

À en croire la poétique exposée par le serpent au début du poème, ce n'est pas tout à fait le cas. En effet, ce narrateur de Valéry distingue précisément son art, dans la scène d'exposition du poème, de l'art mimétique dont procède la création de l'humanité. Ainsi, s'adressant successivement au Créateur et à ses créatures humaines :

> En vain, Vous avez, dans la fange,
> Pétri de faciles enfants,
> Qui de Vos actes triomphants
> Tout le jour Vous fissent louange !
> [...]
>
> À la ressemblance exécrée,
> Vous fûtes faits, et je vous hais !
> Comme je hais le Nom qui crée
> Tant de prodiges imparfaits !
> Je suis Celui qui modifie,
> Je retouche au cœur qui s'y fie,
> D'un doigt sûr et mystérieux !...
> Nous changerons ces molles œuvres,
> Et ces évasives couleuvres
> En des reptiles furieux[42] !

C'est, dans ces deux passages, la transparence mimétique de l'œuvre au modèle qui est dénoncée par le serpent. Les « faciles enfants » de la création sont conçus dans une matière vile, « la fange », mais en vertu de la ressemblance formelle avec leur modèle, ils perpétuent le pouvoir du Créateur. L'usage de la parole qui leur est attribué se limite aux louanges. Ils s'apparentent littéralement au peuple de ceux qui ne parlent pas encore, mais se contentent de faire écho à leur origine divine. Les créatures auxquelles ils sont comparés sont indéfinies : « ces molles œuvres / Et ces évasives couleuvres... ». De même, le Nom – qui préside à la théorie du langage de Cratyle en tant qu'image fidèle de la personne nommée – est accusé de créer « Tant de prodiges imparfaits ». Ainsi, la critique du serpent, dans ces deux strophes, vise précisément la structure d'une mimésis platonicienne qui réduit la création à l'imitation nécessairement imparfaite d'une idée immatérielle. La reprise du geste ontologique « Je suis celui qui suis » devient ici un « Je suis Celui qui modifie ». L'action rhétorique

---

42 *Ibid.*, p. 140, v. 91-94 et 101-110.

du serpent sur les enfants de la Création est présentée dans les termes d'une « retouche » qui s'ajoute à l'imitation pour la faire dévier de toute ressemblance au modèle. Ainsi, ce passage invite à nous méfier d'une identification hâtive du langage du serpent à celui du signe cratylien, qui exprime ce qu'il nomme, il renvoie plutôt à une subversion de cette forme mythique et naturalisante de création. Le titre « Ébauche d'un serpent » peut également, sous ce jour, être lu d'une troisième manière. Il ne s'agit peut-être pas de l'ébauche en tant que représentation imparfaite d'un modèle, par soi ou par un autre, mais plutôt de l'ébauche en tant que (re)commencement, ou reprise, intervention sur une œuvre qui se présente comme complète.

Si le mode de langage du serpent est associé à un « cratylisme poétique » en d'autres termes, ce cratylisme apparaît ouvertement au lecteur sous le jour de la ruse, de la fiction ou du déguisement, de même que le *Cogito* de Descartes est présenté comme un geste rhétorique. L'apparence physique du serpent est ainsi caractérisée par l'artifice :

> La splendeur de l'azur aiguise
> Cette guivre qui me déguise
> D'animale simplicité[43].

Tandis que le corps des humains était évoqué comme simple réplique d'un modèle, le corps de l'animal est décrit dans les termes d'une *mimicry*, d'une technique de camouflage, prévue pour tromper l'œil. Mais plutôt que de faire confondre le serpent avec son environnement, ce déguisement l'identifie à de l'« animale simplicité », à un animal, précisément, là où il y a plusieurs fictions d'animaux, ou de l'« animot ». De plus, l'acte de séduction du serpent est évoqué comme le tissage d'un vêtement prévu pour l'auditrice :

> Or, d'une éblouissante bave,
> Filons les systèmes légers
> Où l'oisive et l'Ève suave
> S'engage en de vagues dangers !
> Que sous une charge de soie
> Tremble la peau de cette proie
> Accoutumée au seul azur !...
> Mais de gaze point de subtile,

43 *Ibid.*, p. 138, v. 15-16.

> Ni de fil invisible et sûr,
> Plus qu'une trame de mon style[44] !

Dans cette strophe, Valéry joue avec le motif de la transparence du langage. Alors qu'Ève est caractérisée plus haut par sa nudité et « sa transparence de regards[45] », ici, la parole du serpent intervient comme un habit transparent, « de fil invisible et sûr », qui la sépare précisément de son statut d'œuvre métaphorique du Créateur, créée sur le mode de la ressemblance. Une pellicule de soie transparente s'ajoute à une autre transparence avec pour effet de détourner le modèle des desseins du Créateur, du programme de la métaphore. Ève désormais « s'engage en de vagues dangers ». Passant lui-même du déguisement de la guivre à celui du ver à soie, le serpent s'institue ainsi styliste des œuvres de la création, il devient « Celui qui modifie ». Pour revenir aux trois vers cités plus haut, l'évocation du déguisement du serpent se double d'ailleurs de la reprise en paronomase du même signifiant *guise* qui se modifie à chaque reprise en un sens différent : aiguise-guivre-déguise. Le poème suggère ainsi une analogie entre les ruses de l'animal et l'artifice allitératif du langage poétique. Les répétitions de sons, dans ce cas, n'ont pas pour effet de motiver le rapport entre signifiant et signifié, mais plutôt de créer une texture linguistique où le sens de l'énoncé semble se modifier à partir des répétitions de sons, où le vers, selon une autre expression du serpent, « lui crée des hasards[46] ». Valéry, dans « Questions sur la poésie » insiste d'ailleurs sur la relation de la forme poétique aux pratiques de rituels magiques, où c'est au pouvoir enchanteur du son qu'on se confie :

> Les formules magiques sont souvent privées de sens ; mais on ne pensait pas que leur pensée dépendît de leur contenu intellectuel. Mais écoutons, à présent, des vers comme ceux-ci : *Mère des souvenirs, maîtresse des maîtresses*..., ou bien *Sois sage, ô ma douleur, et tiens-toi plus* tranquille... Ces paroles agissent sur nous (du moins sur quelques-uns d'entre nous) sans nous apprendre grand-chose.

44 *Ibid.*, p. 142, v. 181-190.

45 *Ibid.*, v. 172.

46 *Ibid.*, v. 175. – Cette virtualité du langage poétique est également associée au « mystère animal » dans un autre poème publié deux ans plus tôt qu'« Ébauche d'un serpent », « La Pythie ». C'est, dans ce texte, la locutrice qui se lamente de servir d'instrument à une puissance créatrice imprévisible : « Pourquoi, Puissance Créatrice, /Auteur du mystère animal, / Dans cette vierge pour matrice, /Semer les merveilles du mal ! / Sont-ce les dons que tu m'accordes ? / Crois-tu, quand se brisent les cordes / Que le son jaillise plus beau ? » (Valéry, *Œuvres*, éd. citée, t. 1, p. 134, v. 140-147).

> Elles nous apprennent peut-être qu'elles n'ont rien à nous apprendre ; qu'elles exercent, par les mêmes moyens qui, en général, nous apprennent quelque chose, une tout autre fonction[47].

Ainsi, la forme poétique, pour Valéry, permet au langage d'atteindre un plus haut degré d'autonomie par rapport au sens que la prose : son pouvoir d'action ne dépend que faiblement de l'information communiquée.

D'ailleurs, « la neuve science » à laquelle le serpent voudrait initier les humains est identifiée dans la dernière partie du poème à la danse, qui pour Valéry, s'impose comme un art qui émancipe le mouvement de l'action pratique et de la représentation :

> Du plaisir que tu te proposes
> Cède, cher corps, cède aux appâts !
> Que ta soif de métamorphoses
> Autour de l'Arbre du Trépas
> Engendre une chaîne de poses !
> Viens sans venir ! forme des pas
> Vaguement comme lourds de roses.
> Danse, cher corps… Ne pense pas !
> Ici les délices sont causes
> Suffisantes au cours des choses[48] !…

Dans cette strophe, la danse est en effet clairement distinguée d'un art de la représentation. La « chaîne de poses » de la danseuse s'oppose ainsi à l'enchaînement des causes et des effets auquel les deux derniers vers font allusion en référence au domaine de la pensée logique. Cueillir le fruit à l'arbre de la Connaissance correspond, dans ce passage, à l'initiation de l'auditrice à des pas « poétiques » selon l'analogie danse/poésie : c'est-à-dire des pas qui ne sont pas déterminés par un but pratique. « Venir sans venir » revient précisément à annuler la fonction pratique du pas, à tracer avec les pas des formes dans l'espace. La répétition du mot « pas » dans la strophe fait d'ailleurs écho à ce détournement du sens commun par la danse. Le mot « pas » rassemble en effet des couples que le langage ordinaire oppose : l'appât, qui suscite le désir, et le Trépas, le pas qui trace une forme et le pas de la négation. Ainsi la figure d'Ève, qui apparaît initialement comme une forme transparente

47 *Ibid.*, p. 1333-1334.
48 *Ibid.*, p. 144, v. 261-270.

représentant les desseins du Créateur, se transforme au fil des strophes en opératrice d'une trace poétique qui souligne le rôle de la forme dans la composition du sens.

C'est alors, semble-t-il, à cette virtualité du poème que le serpent devrait être associé : non pas au mot poétique en tant qu'il imite une chose, comme le voudrait le cratylisme, mais à un ensemble de mots dont les jeux formels constituent le ressort du sens et initient l'auditeur à l'ouverture d'une temporalité qui n'a rien d'homogène ou de vide. Ève s'arrache à l'éternel présent d'« avant la chute » par les jeux de la danse, elle rompt avec le programme de la Création en inaugurant une démarche singulière, exposée aux hasards et aux accidents de l'histoire. Le moment où Ève cède à la tentation est d'ailleurs évoqué comme l'ébranlement d'une forme sacrée :

> Elle chancelle, la grande urne,
> D'où va fuir le consentement
> De l'apparente taciturne[49] !

Ève est associée à une urne, à un objet sacré destiné à contenir les cendres d'un mort, mais aussi, depuis Keats et le romantisme, un objet devenu symbole de l'unité parfaite entre forme et contenu. Or, dans l'évocation de Valéry, les matériaux dont se compose l'urne, l'or et le marbre, excèdent sa forme. Le marbre est animé d'un désir, « Le marbre aspire », et l'or est animé d'un mouvement, « l'or se cambre[50] ». Le « pas vers la neuve Science[51] » correspond donc bien à l'abandon d'une forme sacrée qui maintenait l'être captif d'une temporalité homogène et figée. Le serpent devient l'instigateur d'un mouvement par lequel l'être humain diffère de son origine transparente et s'arrache à sa condition d'« image du Créateur ». Si une sous-humanité se dessine alors, en opposition au devenir historique des hommes d'après la chute, elle ne peut être désormais comprise que comme l'indéfini mimétique et an-historique, « la superbe simplicité », auquel s'apparentait Ève avant l'intervention du serpent. Mais il n'est pas sûr que les animaux eux-mêmes, à l'instar du serpent, se conforment pour Valéry à cet état d'imperméabilité au changement et au mouvement. Dans son essai « Le Philosophe et la

49 *Ibid.*, v. 258.
50 *Ibid.*, v. 255.
51 *Ibid.*, v. 253.

Danse », Valéry présente en effet le jeu et la danse comme des moyens d'émancipation qui traversent la frontière opposant l'homme à l'animal :

> Les animaux, cependant, semblent parfois se divertir. Le chat, visiblement, joue avec la souris. Les singes font des pantomimes. Les chiens se poursuivent, sautent au nez des chevaux ; et je ne sais rien qui donne l'idée du jeu plus heureusement libre que les ébats des marsouins qui se voient au large, émerger, plonger, vaincre un navire à la course, lui passer sous l'étrave et reparaître dans l'écume, plus vifs que les vagues, et parmi elles, et comme elles, brillant et variant au soleil. Est-ce déjà de la danse[52] ?

Même si elle invoque une coupure entre l'humanité d'avant et d'après la chute, la poésie de Valéry ne nous laisse pas moins imaginer la possibilité de mondes animaux multiples et irréductibles au concept de l'animal-machine.

En définitive, des *Essais quasi politiques* au poème de *Charmes*, la figure de l'animal se charge d'un sens très différent. Identifié, dans « Politique de l'esprit » à la réaction immédiate aux stimulations de son environnement, automate biologiquement programmé, l'animal se retrouve ainsi dans « Ébauche d'un serpent » comme figure de l'autonomie formelle de la parole en tant que puissance de séduction, susceptible de détourner l'auditeur de la croyance en une parole transparente, représentative. Il s'agirait d'un animal-poète en d'autres termes. « Ébauche d'un serpent » constitue une remise en cause du propre de l'homme puisque la présence à soi qu'institue le *Cogito* cartésien y est présentée sous le jour de l'artifice, du coup de rhétorique. L'écriture poétique, ses jeux et ses détours, se profile, du même coup, comme subversion du *logos* cartésien, c'est-à-dire d'une représentation transparente de la pensée.

52 *Ibid.*, p. 1393.

CONCLUSION

En définitive, reconnaître le caractère indéchiffrable de l'animal revient toujours chez nos quatre auteurs à réinventer sa prise en charge par le langage. Dans *Le Spleen de Paris*, les animaux des rues contraignent Baudelaire à dépasser le comique significatif qui se moque de l'animal et le considère comme un parasite amusant. Pour Mallarmé, notre illusion vient de « l'universelle entente » qui nous dicte de prendre nos réactions pour des réponses et institue ainsi une supériorité de la réponse sur la réaction, du conscient sur l'inconscient, de ce qui est soumis à notre règle de ce qui l'excède. L'animal subvertit ces distinctions : son intervention entraîne un subtil rapport d'interdépendance entre les gestes imprévisibles de la bête et la production du sens. Flaubert est plus ambivalent. Au moment où il croit ne plus pouvoir écrire une phrase, il convoite le pouvoir absolu de tuer que s'octroie Julien dans « La Légende » comme il convoite pour lui le pouvoir de nommer. Son héros allégorise, dans un premier temps, une esthétique du stylet, de l'art pour l'art, où les mots anéantissent leurs référents à mesure qu'ils les désignent. Or, le conte enseigne à l'écrivain que le pouvoir de négation de la littérature suppose un art de la trace, plus que l'affirmation d'un absolu cratylien où, « plus l'expression se rapproche de la pensée, plus le mot colle dessus et disparaît, plus c'est beau[1] ». Ce sont alors à nouveau les animaux qui se chargent dans le récit de signifier l'interruption de cette esthétique. À chaque étape du conte, par leur discours indéchiffrable, ils font échouer le sens que le héros, par son action, cherche à donner à sa légende. Leurs corps se dissocient ainsi du rôle sacrificiel que Julien tenait à leur imposer, de même que le vitrail de Rouen – trace originaire – revient hanter de son altérité l'écriture du conte. Héros et écrivain se reconnaissent à la fois hôte et otage de la trace d'un autre. Finalement, dans le poème « Ébauche d'un serpent » de *Charmes*, Valéry

1 G. Flaubert, *Correspondance*, éd. citée, p. 156.

propose une version de l'épisode biblique de la Chute, où le serpent, plutôt que d'être simplement identifié au mal ou à la ruse, intervient comme celui qui initie les hommes à une langue poétique qui se tisse par les détours de l'allitération. Ainsi, à partir du trope biblique de l'animal qui parle, il élabore une subjectivité hybride dont le discours séducteur consiste précisément à subvertir la représentation transparente de la pensée, telle que la concevait Descartes.

Chacune de ces lectures suscite bien sûr des prolongements possibles. Ainsi, le poème en prose de Baudelaire sur les chiens errants invite à relire la série des poèmes en vers sur les chats. Souvent réduit à la fonction de double de l'amante, ou de reflet narcissique de l'esthète, cet animal joue toutefois un rôle plus nuancé dans un des poèmes, « LI Le Chat », où c'est la faiblesse de sa voix, son défaut de présence, qui est à l'origine du pouvoir qu'il exerce sur la conscience du poète. Chez Valéry, également, le serpent d'« Ébauche… » en évoque d'autres, et en particulier celui de *La Jeune Parque*, qui par sa morsure initie le chant de la jeune femme. Dans le cas de Mallarmé, il s'agirait, à partir de sa traduction du « Raven » de Poe, d'examiner de plus près la manière dont son œuvre poétique se laisse hanter par des battements d'ailes dans « Igitur », « Démon de l'analogie », ou « Le vierge, le vivace, et le bel aujourd'hui… ». Alors que l'envol s'impose chez Hugo, comme une métaphore de la création, ce sont au contraire des oiseaux « cloués au sol », disjoints de l'idéal, qui sont associés par Mallarmé à la poésie moderne. S'ils représentent quelque chose, c'est le substrat matériel, battement rythmique ou puissance d'inscription, à l'origine de l'écriture du poème. Dans l'œuvre de Flaubert enfin, d'autres animaux signifient la rupture de l'écrivain avec une esthétique ancienne, comme le chien de la première *Éducation*, dont la présence spectrale convainc le héros Jules de renoncer aux dérives subjectivistes de ses œuvres précédentes. Il serait également possible de joindre à notre lecture du rôle indéchiffrable des animaux dans « La Légende » un commentaire de la dualité grotesque du perroquet dans « Un Cœur simple » (à la fois Saint Esprit et fétiche décrépit) qui excède également toute sémiotisation simpliste du corps de l'animal.

Toutefois, ces cinq études permettent déjà de voir se dessiner une virtualité de la figure animale souvent méconnue par la critique, la figure d'un animal étranger à nos représentations, et qui par ses actes les remet en cause. L'animal n'a pas de fonction autobiographique dans ces poèmes de la modernité. Il ne se profile pas davantage comme le pendant métaphorique de valeurs humaines, ou de types sociaux, aisément reconnaissables. Si ses gestes se chargent parfois d'un double sens, s'ils allégorisent ou emblématisent quelque chose, c'est la démarche poétique elle-même, le mode d'écriture auquel doit recourir le poète pour son évocation. Lorsqu'il siffle, répète un signifiant ou pose sa griffe sur l'épaule d'un acteur, l'animal manifeste sa présence en même temps qu'il attire notre attention sur le mode de représentation singulier du médium où il intervient. L'animal ne sollicite ainsi le langage allégorique que dans la mesure où ce dernier est compris comme « une des possibilités essentielles de la langue », selon la définition qu'en donne Derrida dans *Mémoires pour Paul de Man*, « la possibilité qui permet au langage de dire l'autre et de parler de lui-même en parlant d'autre chose, de dire toujours autre chose que ce qu'il donne à lire, y compris la scène de la lecture elle-même[2] ».

La trace laissée par les animaux dans ces textes de la modernité évoquent enfin d'autres approches poétiques plus récentes. Celle de Francis Ponge, notamment, chez qui l'allégorisation du poème par l'animal n'est jamais une fin en soi, mais plutôt le moyen de faire une place à la singularité de l'animal parmi les représentations qui le définissent comme dans « Le Lézard » ou « Escargots ». Dans la lignée du Baudelaire des poèmes en prose et de Mallarmé, Ponge entreprend un travail de traduction, qui consiste à infléchir les conventions de la langue en faveur de la figure étrangère de l'animal. Plus récemment, Jean-Christophe Bailly, dans des textes qui oscillent entre l'essai et le poème en prose, nous invite quant à lui à nous laisser surprendre par les regards et les mouvements des animaux, qu'ils surgissent du monde que nous partageons avec eux ou des œuvres d'art qui leur sont consacrées. Toute pensée *de* l'animal devrait, pour Bailly, solliciter la double interprétation du génitif : une pensée sur l'animal, et une pensée qui en provient :

> En allés, sertis par le visible qui les cache, enfants et facettes de la nature « qui aime à se cacher », vivants, mortels, buissonniers, chapardeurs, doux, cruels, passagers, infiniment passagers, selon leurs voies, leurs lois, leurs caprices, leurs joies, leurs chagrins, les animaux : *pensées* par lesquelles le verbe être se conjugue, se joue, se produit[3].

2 Jacques Derrida, *Mémoires pour Paul de Man*, Paris, Galilée, 1988, p. 34.
3 Jean-Christophe Bailly, *Le Versant animal*, Paris, Bayard, 2007, p. 114-115.

BIBLIOGRAPHIE

AGAMBEN, Giorgio, *The Open : Man and Animal*, Stanford, Stanford University Press, 2003.

AGAMBEN, Giorgio, *La Puissance de la pensée*, trad. Joël Gayraud et Martin Rueff, Paris, Bibliothèque Rivages, 2006.

ARISTOTE, *Les Politiques*, trad. Pierre Pellegrin, Paris, Flammarion, « GF », 2015.

BAJOREK, Jennifer, *Counterfeit Capital*, Stanford, Stanford University Press, 2009.

BART, Benjamin, COOK, Robert, *The Legendary Sources of Flaubert's Saint Julien*, Toronto, University of Toronto Press, 1977.

BARTHES, Roland, *Le Degré zéro de l'écriture*, Paris, Points, 1972.

BAUDELAIRE, Charles, *Œuvres complètes*, éd. Claude Pichois, Paris, Gallimard, « Bibliothèque de la Pléiade », 1975, t. 1.

BAUDELAIRE, Charles, *Œuvres complètes*, éd. Claude Pichois, Paris, Gallimard, « Bibliothèque de la Pléiade », 1976, t. 2.

BENJAMIN, Walter, *Œuvres*, trad. Maurice de Gandillac, Rainer Rochlitz, Pierre Rusch, Paris, Gallimard, 2000, 3 volumes.

BENJAMIN, Walter, « The Task of the Translator » in *The Translation studies reader*, éd. Lawrence Venuti, trad. Harry Zohn, New-york, Routledge, 2003.

BERGER, John, *Why Look at Animals ?*, London, Penguin, 2009.

BERGER, John, *Pourquoi regarder les animaux ?*, trad. Katia Berger Andreadakis, Anne et Michel Fuchs, Michelle Gouaux et Martin Richet, Paris, Éditions Héros-Limite, 2009.

BURT, E. S., *Poetry's Appeal : Nineteenth Century French Lyric and the Political Space*, Stanford, Stanford University Press, 1999.

BURT, E. S., *Regard for the Other : Autothanatography in Rousseau, De Quincey, Baudelaire, and Wilde*, New York, Fordham University Press, 2009.

CHAMBERS, Samuel, « The Politics of Literarity », *Theory and Event*, vol. 8, n° 3, 2005.

DE FONTENAY, Élisabeth, *Le Silence des bêtes*, Paris, Fayard, 1998.

DE MAN, Paul, *Blindness and Insight*, Minneapolis, University of Minnesota Press, 1971.

DE MAN, Paul, *The Resistance to Theory*, Minneapolis, University of Minnesota Press, 1986.

DE MAN, Paul, *Aesthetic Ideology*, Minneapolis, University of Minnesota Press, 1996.

DERRIDA, Jacques, *La Dissémination*, Paris, Éditions du Seuil, 1972.

DERRIDA, Jacques, *Marges de la philosophie*, Paris, Éditions de Minuit, 1972.

DERRIDA, Jacques, *Mémoires, pour Paul de Man*, Paris, Galilée, 1988.

DERRIDA, Jacques, *De l'esprit*, Paris, Flammarion, 1990.

DERRIDA, Jacques, *L'Autre Cap*, Paris, Éditions de Minuit, 1991.

DERRIDA, Jacques, *L'Animal que donc je suis*, Paris, Galilée, 2006.

DERRIDA, Jacques, *Séminaire La Bête et le Souverain : volume 1 (2001-2002)*, Paris, Galilée, 2008.

DERRIDA, Jacques, *Séminaire La Bête et le Souverain : volume 2 (2002-2003)*, Paris, Galilée, 2010.

DESCARTES, René, *Œuvres et lettres*, éd. André Bridoux, Paris, Gallimard, « Bibliothèque de La Pléiade », 1953.

FELMAN, Shoshana, « La signature de Flaubert : *La légende de Saint Julien l'Hospitalier* », *Revue des sciences humaines*, vol. 53, n° 181, Janvier – Mars 1981.

FLAUBERT, Gustave, *Trois Contes*, Paris, Flammarion, « GF », 1986.

FLAUBERT, Gustave, *Correspondance*, éd. Bernard Masson, Paris, Gallimard, 1998.

FLAUBERT, Gustave, *Œuvres complètes*, éd. Claudine Gothot-Mersch et Guy Sagnes, Paris, Gallimard, 2001, t. 1.

FREUD, Sigmund, *Totem et tabou*, trad. Janine Altounian, André Bourguignon, Pierre Cotet, Alain Rauzy et Florence Bayet, Paris, PUF, « Quadrige Grands Textes », 2010.

GASCHÉ, Rodolphe, « L'étrange concept de responsabilité », *La Démocratie à venir : autour de Jacques Derrida*, éd. Marie-Louise Mallet, Paris, Galilée, 2004.

HAN, Patricia, « Baudelaire's "Les Bons Chiens" : the Art of Exchange », *Bulletin baudelairien*, vol. 40, 2005, p. 97-112.

HEIDEGGER, Martin, *Les Principes fondamentaux de la métaphysique*, trad. Daniel Palis, Paris, Gallimard, 1992.

HUMPHRIES, Jefferson, *Metamorphoses of the Raven*, Baton Rouge, Louisiana University Press, 1985.

JACOBS, Carol, *In the language of Walter Benjamin*, Baltimore and London, The Johns Hopkins University Press, 1999.

JOHNSON, Barbara, *A World of Difference*, Baltimore, Johns Hopkins University Press, 1987.

JOHNSON, Barbara, *Mother Tongues*, Cambridge, Harvard University Press, 2003.

JARRETY, Michel, *Valéry devant la littérature*, Paris, PUF, 1999.

KRISTEVA, Julia, *La Révolution dans le langage poétique*, Paris, Éditions du Seuil, 1974.

LACAN, Jacques, *Écrits*, Paris, Éditions du Seuil, 1966.

LACOUE-LABARTHE, Philippe, *La Fiction du politique*, Paris, Bourgois, 1987.

LAWLOR, Leonard, *This is not sufficient*, New York, Columbia University Press, 2007.

LEMM, Vanessa, *Nietzsche's Animal Philosophy*, New York, Fordham University Press, 2009.

LIPPIT, Akira Mizuta, *Electric Animal*, Minneapolis, University of Minnesota Press, 2000.

LIU, Catherine, *Copying Machines : Taking Notes for the Automaton*, Minneapolis, University of Minnesota Press, 2000.

LLOYD, David, « Valéry on Value : The Political Economy of Poetics », *Representations*, n° 7, été 1984, p. 116-132.

LYU, Claire Chi-ah, « Flaubert's Proposition », *French Forum*, vol. 36, n° 2-3, 2011, p. 41-60.

MALLARMÉ, Stéphane, *Œuvres complètes*, éd. Bertrand Marchal, Paris, Gallimard, 1998, t. 1.

MALLARMÉ, Stéphane, *Œuvres complètes*, éd. Bertrand Marchal, Paris, Gallimard, 2003, t. 2.

MEHLMAN, Jeffrey, « On Tear-Work : *L'Ar de Valéry* », Yale French Studies, n° 52, 1975, p. 152-173.

MEHLMAN, Jeffrey, « Craniometry and Criticism : Notes on a Valeryan Criss-Cross », *Boundary 2*, n° 1, 1982, p. 81-101.

MENKE, Bettine, « "However one calls into the forest..." Echoes of Translation », *Walter Benjamin and Romanticism*, éd. Béatrice Hanssen and Andrew Benjamin, New York, Continuum, 2002.

MICHON, Jacques, *Mallarmé et les mots anglais*, Montréal, PUM, 1978.

NÄGELE, Rainer, *Benjamin's Ground*, Detroit, Wayne State University Press, 1988.

NEWMARK, Kevin, *Beyond Symbolism*, Ithaca, New York, Cornell University Press, 1991.

PETERSON, Christopher, *Bestial Traces : Race, Sexuality, Animality*, New York, Fordham University Press, 2013.

POE, Edgar Allan, *Complete Stories and Poems*, New York, Doubleday, 1984.

RANCIÈRE, Jacques, *Aux bords du politique*, Paris, Osiris, 1995.

RANCIÈRE, Jacques, *La Mésentente : politique et philosophie*, Paris, Galilée, 1995.

RANCIÈRE, Jacques, *Mallarmé : la politique de la sirène*, Paris, Hachette, 1996.

RANCIÈRE, Jacques, *La Parole muette*, Paris, Hachette, 1998.

RANCIÈRE, Jacques, *Le Partage du sensible : esthétique et politique*, Paris, La Fabrique, 2000.

RANCIÈRE, Jacques, *Le Destin des images*, Paris, La Fabrique, 2003.

RANCIÈRE, Jacques, *Malaise dans l'esthétique*, Paris, Galilée, 2005.
RANCIÈRE, Jacques, *Politique de la littérature*, Paris, Galilée, 2007.
REY, Alain, et CHANTREAU, Sophie, *Dictionnaire des expressions et locutions*, Paris, Le Robert, 2e édition, 2006.
RICARDOU, Jean, *Pour une théorie du nouveau roman*, Paris, Éditions du Seuil, 1971.
SCOTT, Maria « Baudelaire's Canine Allegories "Le Chien et le Flacon" and "Les Bons Chiens" », *Nineteenth-Century French Studies*, vol. 33, 2004-2005, p. 117-129.
SIEBURTH, Richard, « Une idéologie du lisible : le phénomène des physiologies », *Romantisme*, 1985, vol. 15, nº 47, p. 45.
SIMON, Anne, « De la chasse au carnage dans *La Légende de Saint Julien l'Hospitalier* », *L'Esprit Créateur*, vol. 51, nº 4, 2011, p. 32-44.
TODOROV, Tzvetan, *Sémantique de la poésie*, Paris, Le Seuil, 1986.
THÉLOT, Jérôme, *Baudelaire, Violence et poésie*, Paris, Gallimard, 1993.
UEXKÜLL, Jakob von, *Milieu animal et milieu humain*, trad. Charles-Martin Freville, Paris, Payot et Rivages, 2010.
VALÉRY, Paul, *Œuvres*, éd. Jean Hytier, Paris, Gallimard, « Bibliothèque de la Pléiade », 1957, t. 1.
VALÉRY, Paul, *Œuvres*, éd. Jean Hytier, Paris, Gallimard, « Bibliothèque de la Pléiade », 1960, t. 2.
VALÉRY, Paul, *Cahiers*, éd. Judith Robinson, Paris, Gallimard, 1974, t. 1.
VALÉRY, Paul, *Cahiers*, éd. Judith Robinson, Paris, Gallimard, 1974, t. 2.
VIGNY, Alfred de, *Les Destinées*, Paris, Mignard, 1961.
VINKEN, Barbara, « Marked : Flaubert's *Légende de Saint Julien l'Hospitalier* and the Crux of Literature », *MLN*, vol. 122, nº 4, 2007, p. 830-847.
WITTGENSTEIN, Ludwig, *Investigations philosophiques*, trad. Pierre Klossowski, Paris, Gallimard, 1961.

INDEX DES AUTEURS

INDEX DES NOTIONS

TABLE DES MATIÈRES

Achevé d'imprimer par Corlet Numéric,
Z.A. Charles Tellier, Condé-en-Normandie (Calvados), en juillet 2021
N° d'impression : 172517 - dépôt légal : juillet 2021
Imprimé en France